O AMOR
DA SABEDORIA ETERNA

Dados Internacionais de Catalogação na Publicação (CIP)
(Câmara Brasileira do Livro, SP, Brasil)

Montfort, S. Luís Maria Grignion de, 1673-1716
O amor da Sabedoria eterna / S. Luís Maria Grignion de Montfort ; tradução de Rosemary Costhek Abílio. – Petrópolis, RJ : Vozes, 2025.

Título original: L'amour de la sagesse eternelle.
ISBN 978-85-326-7085-4

1. Deus – Sabedoria – Igreja Católica
2. Espiritualidade – Cristianismo I. Título.

24-231486 CDD-248

Índices para catálogo sistemático:
1. Deus : Sabedoria : Vida cristã 248

Cibele Maria Dias – Bibliotecária – CRB-8/9427

O AMOR DA SABEDORIA ETERNA

S. Luís Maria Grignion de Montfort

Tradução de Rosemary Costhek Abílio

EDITORA VOZES

Petrópolis

Tradução do original em francês intitulado *L'amour de la sagesse eternelle*

Rua Frei Luís, 100
25689-900 Petrópolis, RJ
www.vozes.com.br
Brasil

Editoração: Mylenna Ferreira Mattos
Diagramação: Editora Vozes
Revisão gráfica: Michele Guedes Schmid
Capa: Lara Gomes

ISBN 978-85-326-7085-4

Este livro foi composto e impresso pela Editora Vozes Ltda.

Sumário

Oração à Sabedoria eterna

[1] Ó, divina Sabedoria, soberana do céu e da terra, humildemente prostrado diante de vós peço-vos perdão por ousar falar de vossas grandezas sendo tão ignorante e tão culpado como sou. Suplico-vos, não olheis as trevas de meu espírito e as imundícies de minha boca ou, se as olhardes, que seja apenas para destruí-las com um relance de vossos olhos e um sopro de vossa boca. Tendes tantas belezas e doçuras, preservastes-me de tantos males e cumulastes-me de tantos benefícios e, ainda assim, sois tão desconhecida e menosprezada! Como quereis que eu me cale? Não só a justiça e a gratidão, mas mesmo meus interesses obrigam-me a falar de vós, embora balbuciando. Como uma criança, não faço mais que balbuciar, é bem verdade; mas é porque ainda sou criança e balbuciando desejo aprender a falar bem, quando chegar à plenitude de vossa idade.

[2] Admito que parece não haver inteligência nem ordem no que escrevo; mas é porque desejo tanto possuir-vos que, a exemplo de Salomão, procuro-vos por todo lado, dando voltas sem método. Se me empenho em tornar-vos conhecida neste mundo, é porque vós mesma prometestes que todos os que vos explicassem e vos revelassem obteriam assim a vida eterna. Aceitai, pois, minha amorável princesa, meus humildes balbucios como discursos elevados, recebei os traços de minha pena como passos que dou para encontrar-vos e, do alto de vosso trono, dai ao que desejo fazer e dizer de vós tantas bênçãos e luzes que todos os que ouvirem se inflamem de um novo desejo de amar-vos e possuir-vos no tempo e na eternidade.

Advertência

que a divina Sabedoria faz aos príncipes e aos grandes do mundo no Livro da Sabedoria, capítulo 6[1]

[3] 1. A Sabedoria é mais estimável do que a força e o homem prudente vale mais do que o corajoso.

2. Portanto, vós, reis, escutai e compreendei; juízes de toda a terra, acatai a instrução.

3. Prestai atenção, vós que governais os povos e vos vangloriais de ver sob vosso domínio um grande número de nações.

4. Considerai que recebestes do Senhor esse poder e do Altíssimo essa dominação; Ele interrogará vossas obras e sondará o fundo de vossos pensamentos.

5. Porque, sendo os ministros de seu Reino, não julgastes com equidade, não cumpristes a lei da justiça e não procedestes seguindo a vontade de Deus,

6. Ele se mostrará a vós em breve e de modo terrível, porque os que comandam os outros serão julgados com extremo rigor.

7. Pois os pequenos recebem mais compaixão e são perdoados mais facilmente; mas os poderosos serão examinados poderosamente.

8. Deus não excetuará ninguém; não levará em consideração a grandeza de pessoa alguma; pois Ele fez tanto os grandes como os pequenos e cuida de todos igualmente.

---

1. Todas as passagens bíblicas do texto foram traduzidas como o autor as citou. Várias diferem em maior ou menor grau das versões correntes da Bíblia [N.T.].

9. Mas os de mais grandeza estão sob ameaça dos suplícios maiores.

10. Portanto, é a vós, reis, que dirijo estas palavras, para que aprendais a Sabedoria e não venhais a cair.

11. Pois os que houverem feito de modo justo as ações justas serão tratados como justos, e os que houverem aprendido o que ensino encontrarão com que se defenderem.

12. Portanto, ansiai ardentemente por minhas palavras, amai-as e nelas encontrareis vossa instrução.

[4] 13. A Sabedoria é resplandecente e sua beleza não esmaece. Os que a amam descobrem-na facilmente e os que a buscam encontram-na.

14. Ela se antecipa aos que a desejam e mostra-se a eles de antemão.

15. Quem velar de madrugada para possuí-la não terá dificuldade, porque a encontrará sentada à sua porta.

16. Assim, ocupar o pensamento com a Sabedoria é a perfeita prudência, e quem velar para adquiri-la logo estará em repouso.

17. Pois ela se volta para todos os lados procurando os que são dignos dela; mostra-se a eles agradavelmente em seus caminhos e vai-lhes ao encontro com todo o empenho de sua providência.

18. O começo da Sabedoria, portanto, é o desejo sincero de instrução; desejo de instrução é amor; amor é observância das Leis.

19. A atenção em observar suas leis é a consolidação da perfeita pureza da alma.

20. E essa pureza perfeita aproxima o homem de Deus.

21. É assim que o desejo de Sabedoria conduz ao reino eterno.

22. Portanto, reis dos povos, se vos comprazeis com tronos e cetros, amai a Sabedoria, a fim de reinardes eternamente.

23. Amai a luz da Sabedoria, todos vós que comandais os povos do mundo.

24. Agora apresentarei o que é a Sabedoria e qual foi sua origem; não vos esconderei os segredos de Deus e, sim, remontarei ao começo de seu nascimento; irei trazê-la à luz e dá-la a conhecer, e não ocultarei a verdade.

25. Não imitarei quem está empedernido de inveja, porque o invejoso não compartilhará da Sabedoria.

26. Mas a multidão de seus sábios é a salvação do mundo, e um rei prudente é o sustentáculo de seu povo.

27. Recebei, pois, a instrução por minhas palavras, e ela vos será proveitosa.

Observações do autor

[5] Não pretendi, meu caro leitor, misturar neste capítulo a fraqueza de minha linguagem com a autoridade das palavras do Espírito Santo. Mas me seja permitido observar convosco:

1º Quanto a Sabedoria eterna é inerentemente doce, fácil e convidativa, embora seja tão brilhante, tão excelente e tão sublime! Ela chama os homens para ensinar-lhes os meios de ser felizes; ela os procura, sorri para eles; cumula-os de mil benefícios; antecipa-se a eles de mil modos diferentes, a ponto de sentar-se à porta de suas casas para aguardá-los e dar-lhes provas de sua amizade.

É possível ter um coração e recusá-lo a essa doce conquistadora?

[6] 2º Quão infelizes são os grandes e os ricos, se não amarem a Sabedoria! Quão terríveis são as palavras que lhes dirige! Elas são inexplicáveis em nossa língua: *Horrende et cito apparebit vobis... Judicium durissimum his qui praesunt fiet... Potentes... potenter tormenta patientur. Fortioribus... fortior instat cruciato* (Sb 6,5-8). (Ele cairá subitamente sobre vós, de modo terrível... Os que dominam serão julgados com rigor... Os poderosos serão castigados poderosamente.)

Acrescentemos a essas palavras algumas das que ela lhes disse ou mandou dizer depois de sua Encarnação: *Vae vobis, divitibus. Facilius est camelum pere foramen acus transire quam divitem intrare in regnum caelorum* (Mt 19,24; Mc 10,25; Lc 18,25). (Ai de vós, ricos! É mais fácil um camelo passar pelo buraco de uma agulha do que um rico entrar no Reino de Deus.)

Estas últimas palavras foram repetidas tantas vezes pela divina Sabedoria, quando ela vivia na terra, que três evangelistas a relataram do mesmo modo, sem nada mudarem; isso deveria fazer os ricos chorarem, gritarem e urrarem: *Agite nunc, divites, plorate, ululantes in miseriis quae advenient vobis!* (Tg 5,1). (Agora, ricos, escutai: chorai e gemei por causa das desgraças que virão sobre vós.)

Mas, infelizmente, eles têm seu consolo neste mundo; estão como que enfeitiçados por seus prazeres e riquezas e não veem as desgraças que pendem sobre suas cabeças.

[7] 3º Salomão promete que fará uma descrição fiel e exata da Sabedoria e que nem a inveja nem o orgulho, que são contrários à caridade, o impedirão de transmitir uma ciência que lhe foi dada do céu, de modo que ele não teme que os outros o igualem ou o superem em conhecimento.

É a exemplo desse grande homem que vou explicar com simplicidade o que é a Sabedoria antes de sua encarnação, em sua encarnação e após sua encarnação, e os meios de obtê-la e conservá-la.

Mas, como não tenho a abundância de conhecimentos e de luzes que ele tinha, não preciso temer a inveja e o orgulho tanto quanto minha insuficiência e minha ignorância, que vos rogo que tolereis e desculpeis, por caridade.

Capítulo I
Para amar e buscar a divina Sabedoria é necessário conhecê-la

1. Necessidade de conhecer a divina Sabedoria

[8] É possível amar o que não conhecemos? É possível amar ardentemente o que só conhecemos imperfeitamente?

Por que amamos tão pouco a Sabedoria eterna e Encarnada, o adorável Jesus, se não porque não a conhecemos ou conhecemos pouquíssimo?

Quase ninguém estuda como é preciso, com o Apóstolo, essa ciência supereminente de Jesus, que, entretanto, é a mais nobre, mais doce, mais útil e mais necessária de todas as ciências e conhecimentos do céu e da terra.

[9] 1º Primeiramente, é a mais nobre de todas as ciências porque tem como objeto o que há de mais nobre e mais sublime: a Sabedoria incriada e encarnada, que contém em si toda a plenitude da divindade e da humanidade, tudo o que há de grandioso no céu e na terra, todas as criaturas visíveis e invisíveis, espirituais e corporais.

São João Crisóstomo diz que Nosso Senhor é um sumário das obras de Deus, um quadro em miniatura de todas suas perfeições e de todas as que existem nas criaturas.

Omnia quae velle potes aut debes est Dominus Jesus Christus. Desidera hunc, requiere hunc, quia haec est una et pretiosa margarita pro qua emenda etiam vendenda sunt omnia quae tua sunt. (Jesus Cristo, a Sabedoria Eterna é tudo o que podeis e deveis desejar. Desejai-o, buscai-o, porque ele é a única e preciosa pérola para cuja compra não deveis hesitar em vender tudo o que possuís.)

In hoc glorietur qui gloriatur, scire et nosse me (Jr 9,23). Não se glorie o sábio de sua sabedoria, nem o forte de sua força, nem o rico de suas riquezas; mas quem gloriar-se, glorie-se de conhecer a mim, e não de conhecer outra coisa.

[10] 2º Não há nada tão doce quanto o conhecimento da divina Sabedoria: Bem-aventurados os que a escutam, mais venturosos os que a desejam e buscam; mas os mais venturosos são os que seguem seus caminhos, saboreiam no coração essa doçura infinita que é o júbilo e a beatitude do Pai Eterno e a glória dos anjos.

Quem soubesse de qual prazer desfruta uma alma que conhece a beleza da Sabedoria, que suga o leite desse seio do Pai, *mamilla Patris*, exclamaria com a Esposa: *Meliora sunt ubera tua vino* (Ct 1,1) (o leite de vossos seios é melhor do que o vinho delicioso e do que todas as doçuras das criaturas), especialmente quando ela diz às almas que a contemplam estas palavras: *Gustate et videte* (Sl 33,9) (desfrutai e olhai), *comedite et bibite* (Ct 5,1) (comei e bebei) *et inebriamini* (Ct 5,1) (e embriagai-vos) de minhas doçuras eternas; pois não há amargor em minha conversação nem tédio em minha companhia, mas somente satisfação e alegria) (*non enim habet amaritudinem conversatio illius; nec taedium convictus illius, sed laetitiam et gaudium* (Sb 8,16).

[11] 3º Esse conhecimento da Sabedoria eterna não é somente o mais nobre e mais doce, mas também o mais útil e mais necessário, porque a vida eterna consiste em conhecer Deus e seu filho, Jesus Cristo.

Conhecer-vos – exclama o sábio, falando para a Sabedoria – é a justiça perfeita; e compreender vossa equidade e vosso poder é a raiz da imortalidade (Sb 15,3). Se desejamos verdadeiramente ter a vida eterna, devemos ter o conhecimento da Sabedoria eterna.

Se desejamos ter a perfeição da santidade neste mundo, conheçamos a Sabedoria.

Se desejamos ter em nosso coração a raiz da imortalidade, tenhamos em nosso espírito o conhecimento da Sabedoria: Saber que Jesus Cristo é a Sabedoria encarnada é saber o bastante; saber tudo e não saber isso é nada saber.

[12] De que serve para um arqueiro saber lançar a flecha ao lado do alvo que visa, se não souber lançar no centro do alvo? De que nos servirão todas as outras ciências necessárias para a salvação, se não soubermos a de Jesus Cristo, que é a única necessária e o centro onde todas devem chegar? O grande Apóstolo, embora soubesse tantas coisas e fosse tão versado nas letras humanas, dizia, porém, que acreditava saber somente Jesus Cristo crucificado: *Non judicavi me scire aliquid inter vos, nisi Jesum Christum, et hunc crucifixum* (1Cor 2,2). (Pois resolvi nada saber entre vós a não ser Jesus Cristo, e crucificado.) Digamos, pois, com ele: *Quae mihi fuerunt lucra, haec arbitratus sum propter Christum detrimenta. Verumtamen [existimo] omnia detrimentum esse, propter eminentem scientiam Jesu Christi, Domini mei* (Fl 3,8). (Desprezo todos esses conhecimentos de que até agora me vali, em comparação com o de Jesus Cristo, meu Senhor.) Agora vejo e sinto que essa ciência é tão excelente, tão deliciosa, tão proveitosa e tão admirável que não dou valor algum a todas as outras, que antigamente me agradaram tanto; e hoje elas me parecem tão vazias e tão risíveis que ocupar-se delas é perder tempo. *Haec autem dico ut nemo vos decipiat in sublimitate sermonum. Videte ne quis vos decipiat per philosophiam et inanem fallaciam* (Cl 2,8). (Digo-vos que Jesus Cristo é o abismo de toda a ciência para que não vos deixeis enganar pelas belas e magnificentes palavras dos oradores nem pelas sutilezas tão enganosas dos filósofos.) *Crescite in gratiam et in cognitione Domini nostri et Salvatoris*

Jesu Christi (2Pd 3,18). (Mas para que todos cresçamos na graça e no conhecimento de Nosso Senhor e Salvador Jesus Cristo.) Ele é a Sabedoria encarnada, da qual falaremos nos capítulos seguintes, depois de distinguirmos vários tipos de sabedoria.

2. Definição e divisão do tema

[13] A sabedoria em geral, de acordo com o significado de seu nome, é uma ciência saborosa, *sapida scientia*, ou o gosto de Deus e de sua verdade.

Há vários tipos de sabedorias.

Primeiramente, elas se diferenciam em verdadeira e falsa sabedoria: a verdadeira é o gosto da verdade, sem mentira nem disfarce; a falsa é o gosto da mentira, encoberta pela aparência da verdade.

Essa falsa sabedoria é a sabedoria ou prudência mundana, que o Espírito Santo divide em três: *Sapientia terrena, animalis, diabolica* (Tg 3,15). (Sabedoria terrena, animal e demoníaca.)

A sabedoria verdadeira divide-se em sabedoria natural e sobrenatural.

Sabedoria natural é o conhecimento das coisas naturais de uma maneira eminente em seus princípios. Sabedoria sobrenatural é o conhecimento das coisas sobrenaturais e divinas em sua origem.

Essa sabedoria sobrenatural se divide em sabedoria substancial e incriada e sabedoria acidental e criada.

Sabedoria acidental e criada é a transmissão de si mesma que a Sabedoria incriada faz aos homens, ou seja, é o dom da sabedoria. Sabedoria substancial e incriada é o Filho de Deus, a Segunda Pessoa da Santíssima Trindade, ou seja, a Sabedoria eterna na eternidade ou Jesus Cristo no tempo.

É propriamente dessa Sabedoria eterna que vamos falar.

[14] Em sua origem, vamos contemplá-la na eternidade, residente no seio de seu Pai, como objeto de seu agrado.

Iremos vê-la no tempo, brilhante na criação do Universo.

Em seguida iremos olhá-la humilhada em sua encarnação e em sua vida mortal; e depois a encontraremos gloriosa e triunfante nos céus.

Por fim, veremos quais meios é preciso utilizar para adquiri-la e conservá-la.

Portanto, deixo aos filósofos os argumentos de sua filosofia, como inúteis; deixo aos alquimistas os segredos de sua sabedoria mundana. *Sapientiam loquimur inter perfectos* (1Cor 2,6-7). (Falemos, pois, da verdadeira Sabedoria): da Sabedoria eterna, incriada e encarnada, para as almas perfeitas e predestinadas.

Capítulo II
Origem e excelência da Sabedoria eterna

[15] É aqui que devemos exclamar com São Paulo: *O altitudo... Sapientiae... Dei!* (Rm 11,33). (Ó profundidade, ó imensidão, ó incompreensibilidade da Sabedoria de Deus!) *Generationem ejus qui enarrabit?* (Is 53,8; Ap 8,33). (Quem será o anjo suficientemente esclarecido e o homem suficientemente temerário para dispor-se a explicar-nos corretamente sua origem?)

Aqui é preciso que todos os olhos se fechem, para não serem ofuscados por uma luz tão viva, tão brilhante.

Aqui é preciso que toda língua se cale, para não embaçar uma beleza tão perfeita ao querer revelá-la.

Aqui é preciso que todo espírito se anule e adore, para não ser oprimido pelo imenso peso da glória da divina Sabedoria ao querer sondá-la.

1. A Sabedoria com relação ao Pai

[16] Eis, porém, a ideia que o Espírito Santo, para adaptar-se a nossa fraqueza, dela nos dá no Livro da Sabedoria, que compôs exclusivamente para nós: A Sabedoria eterna é emanação de Deus, virtude de Deus e efusão puríssima da claridade do Onipotente. Por isso ela não está sujeita sequer à mínima impureza. Ela é o brilho da luz eterna, espelho imaculado da majestade de Deus e imagem de sua bondade (Sb 7,25-26).

[17] Essa é a ideia substancial e eterna da divina beleza que foi mostrada a São João Evangelista na Ilha de Patmos, quando ele exclamou: *In principio erat Verbum, et Verbum erat apud Deum, et Deus erat Verbum* (Jo 1,1). (No princípio era o Verbo – ou o Filho de Deus, ou a Sabedoria eterna –, e o Verbo estava em Deus, e o Verbo era Deus.)

[18] Dela é dito, em várias passagens dos livros de Salomão, que a Sabedoria foi criada, ou seja, produzida, já no princípio, antes de todas as coisas e antes de todos os séculos.

Ela diz de si mesma: Fui estabelecida na eternidade e no início, antes que toda a terra fosse criada. Os abismos ainda não existiam quando eu já estava concebida (Pr 8,22-26).

[19] É nessa soberana beleza da Sabedoria que Deus Pai se comprazeu na eternidade e no tempo, como o próprio grande Deus afirmou expressamente, no dia de seu batismo e de sua transfiguração: *Hic est Filius meus dilectus, in quo mihi bene complacui* (Mt 17,5). (Este é meu Filho dileto, do qual me agrado.)

Foi dessa luminosa e incompreensível claridade que os apóstolos, no momento de sua transfiguração, viram alguns raios que os encheram de doçura e os lançaram no êxtase:

Illustre quiddam [cernimus]
Sublime, celsum, interminum,
Antiquius caelo et chao[2]

Se não tenho palavras para explicar sequer a pálida ideia que formei dessa beleza e dessa suprema doçura, embora minha ideia esteja infinitamente aquém de sua excelência, quem poderá ter uma ideia exata e explicá-la adequadamente? Somente vós, grande Deus, que conheceis o que é, podeis revelá-lo a quem quiserdes.

2. Essa Sabedoria eterna é algo nobre, elevado, imenso, infinito e mais antigo do que o Universo.

2. As operações da Sabedoria nas almas

[20] Eis como a própria Sabedoria declara o que ela é, com relação a seus efeitos e suas operações nas almas. Não misturarei minhas pobres palavras com as suas, para não lhes diminuir o brilho e a sublimidade: está no capítulo 24 do Eclesiástico.

1. A Sabedoria louvará a si mesma; ela se honrará no Senhor e se glorificará no meio de seu povo.

2. Ela abrirá a boca nas assembleias do Altíssimo e se glorificará nos exércitos do Senhor.

3. Será elevada no meio de seu povo e admirada na assembleia de todos os santos.

4. Receberá louvores em meio à multidão de eleitos e será bendita pelos que forem benditos de Deus. Ela dirá:

[21] 5. Saí da boca do Altíssimo; nasci antes de todas as criaturas.

6. Fui eu que fiz nascer no céu uma luz que nunca se extinguirá e como uma névoa cobriu toda a terra.

7. Habitei lugares muito altos e meu trono está numa coluna de nuvens.

8. Corri sozinha toda a extensão do céu; penetrei nas profundezas dos abismos; caminhei sobre as ondas do mar.

9. Percorri toda a terra.

[22] 10. Imperei sobre todos os povos e sobre todas as nações.

11. Com meu poder palmilhei os corações de todos os homens, grandes e pequenos; e entre todas essas coisas procurei um lugar de repouso e uma morada na propriedade do Senhor.

[23] 12. Então o Criador do Universo deu-me ordens e falou-me. Aquele que me criou repousou em meu tabernáculo.

13. E Ele me disse: Habitai em Jacó; que Israel seja vossa herança, e criai raízes em meus eleitos.

[24] 14. Fui criada no começo e antes de todos os séculos, continuarei a existir ao longo de todas as idades e exerci em sua presença meu ministério na casa santa.

15. Fui fixada em Sião, encontrei repouso na cidade santa e meu poder estabeleceu-se em Jerusalém.

[25] 16. Enraizei-me no povo que o Senhor honrou, cuja herança é o quinhão de meu Deus, e estabeleci minha morada na assembleia de todos os santos.

17. Elevei-me como os cedros do Líbano e como o cipreste da montanha de Sião.

18. Estendi meus ramos para o alto, como as palmeiras da montanha de Cades e como as roseiras de Jericó.

19. Cresci como uma bela oliveira no campo e como o plátano plantado numa estrada, à beira da água.

20. Espalhei perfume como o cinamomo e o bálsamo mais valioso, e um aroma igual ao da mirra mais excelente.

21. Perfumei minha morada como o benjoeiro, o gálbano, a caixa de perfume, o ônix, a mirra, como a gota de incenso que cai espontaneamente; e meu aroma é como o do bálsamo puríssimo e sem mistura.

22. Estendi meus ramos como o terebinto, e meus ramos são ramos de honra e graça.

23. Como a videira, lancei flores de aroma agradável, e minhas flores são frutos de glória e abundância.

[26] 24. Sou a mãe do puro amor, do temor, da ciência e da esperança santa.

25. Está em mim toda a graça do caminho e da verdade; está em mim toda a esperança da vida e da virtude.

[27] 26. Vinde a mim, vós que me desejais ardentemente, e saciai-vos com os frutos que dou.

27. Pois meu espírito é mais doce que o mel, e minha herança sobrepuja em doçura o mel mais excelente.

28. A memória de meu nome percorrerá um a um todos os séculos.

[28] 29. Os que comerem de mim ainda sentirão fome e os que beberem de mim ainda sentirão sede.

30. Quem me escutar não será confundido, e os que agirem em mim não pecarão.

31. Os que lançarem luz sobre mim terão a vida eterna.

32. Tudo isto é o livro da vida, a aliança do Altíssimo e o conhecimento da verdade.

[29] Todas essas árvores e todas essas plantas com que a Sabedoria se compara, que têm frutos e qualidades tão diferentes, indicam a grande variedade de estados, de funções e de virtudes das almas que parecem cedros, pela elevação de seus corações para o céu; ou ciprestes, pela meditação contínua sobre a morte; ou palmeiras, pelo humilde sofrimento de seus trabalhos; ou roseiras, pelo martírio e pela efusão de seu sangue; ou terebintos, que lançam seus ramos bem longe, pela extensão de sua caridade para com os irmãos; e todas as outras plantas aromáticas, como o bálsamo, a mirra e as outras, que são menos visíveis, indicam todas as almas em retiro, que desejam ser mais conhecidas por Deus do que pelos homens.

[30] Depois de representar-se como mãe e fonte de todos os bens, a Sabedoria exorta todos os homens a abandonarem tudo para desejarem-na unicamente, porque, diz Santo Agostinho, ela se entrega tão somente aos que a desejam e a buscam com o mesmo ardor com que algo tão grande merece ser buscado.

Nos versículos 30 e 31, a divina Sabedoria aponta três graus na piedade, dos quais o último é a perfeição:

1º Escutar Deus com humilde submissão;

2º Agir nele e por Ele com perseverante fidelidade;

3º Por fim, adquirir a luz e a unção necessárias para inspirar aos outros o amor à Sabedoria, a fim de conduzi-los à vida eterna.

Capítulo III
Maravilhas do poder da divina Sabedoria na criação do mundo e do homem

1. Na criação do mundo

[31] A Sabedoria eterna começou a resplandecer fora do seio de Deus quando, após toda uma eternidade, ela fez a luz, o céu e a terra. São João diz que tudo foi feito pelo Verbo, ou seja, pela Sabedoria eterna: *Omnia per ipsum facta sunt* (Jo 1,3).

Salomão diz que ela é a mãe e a artífice de todas as coisas: *Horum omnium mater est. Omnium artifex Sapientia* (Sb 7,12.21). Observai que ele a chama não somente de artífice do Universo, mas também de mãe, porque o artesão não tem por sua obra o amor e o cuidado que uma mãe tem pelo filho.

[32] Tendo criado tudo, a Sabedoria eterna permanece em todas as coisas para contê-las, sustentá-las e renová-las: *omnia continet, omnia innovat* (Sb 1,7; 7,27). Foi essa beleza supremamente reta que, depois de criar o mundo, nele pôs a bela ordem que aqui existe. Ela separou, compôs, pesou, acrescentou, contou tudo o que nele há.

Estendeu os céus; colocou o Sol, a Lua e as estrelas, e os planetas ordenadamente; assentou os fundamentos da terra; deu limites e leis ao mar e aos abismos; formou as montanhas; tudo pesou e equilibrou, até as nascentes de água. Por fim, diz ela, eu estava com Deus e regulava todas as coisas com uma exatidão tão perfeita e ao mesmo tempo uma variedade tão agradável que aquilo era uma espécie de brincadeira que eu brincava para divertir-me e divertir meu Pai: *Cum eo eram cuncta componens; et delectabar per singulos dies, ludens coram eo omni tempore, ludens in orbe terrarum* (Pr 8,30-31).

[33] De fato, podemos ver essa brincadeira inefável da divina Sabedoria nas diferentes criaturas que ela fez no Universo. Pois, sem falar das diversas espécies de anjos, que são, digamos assim, em número infinito; sem falar das diversas grandezas das estrelas nem dos diversos temperamentos dos homens, que mudança admirável vemos nas estações e nos tempos, que variedade de instintos nos animais, quantas diferentes espécies nas plantas, quantas diferentes belezas nas flores, quantos diferentes sabores nos frutos! *Quis sapiens, et intelliget haec*: A quem a Sabedoria se transmitiu? E somente esse entenderá tais mistérios da natureza.

[34] A Sabedoria revelou-os aos santos, como vemos em suas vidas; e às vezes, ao verem a beleza, a doçura e a ordem da divina Sabedoria mesmo nas menores coisas, como uma abelha, uma formiga, uma espiga de trigo, uma flor, uma minhoquinha, eles ficavam tão surpresos que caíam em êxtase e arrebatamento.

2. Na criação do homem

[35] Se o poder e a doçura da Sabedoria eterna tanto resplandeceram na criação, na beleza e na ordem do Universo, ela brilhou muito mais na criação do homem, pois ele é sua obra-prima, a imagem viva de sua beleza e de suas perfeições, o grande vaso de suas graças, o tesouro admirável de suas riquezas e seu vigário único na terra: *Sapientia tua fecisti hominem, ut dominaretur omni creaturae quae a te facta est* (Sb 9,2). (Com tua sabedoria formaste o homem para dominar todas as criaturas que fizeste.)

[36] Aqui seria preciso, para glória dessa bela e poderosa artífice, explicar a beleza e a excelência originais que o homem recebeu dela quando o criou; mas o pecado que ele cometeu, cujas trevas e imundícies recaíram sobre mim, mísero filho de Eva, obscureceram tanto meu entendimento que só muito imperfeitamente consigo explicá-las.

[37] Ela fez, digamos assim, cópias e expressões brilhantes de seu entendimento, de sua memória e de sua vontade e deu-as à alma do homem para ser o retrato vivo da Divindade; ateou-lhe no coração um incêndio de puro amor por Deus; formou-lhe um corpo todo luminoso e encerrou nele, como em tamanho pequeno, todas as diversas perfeições dos anjos, dos animais e outras criaturas.

[38] Tudo no homem era luminoso sem trevas, belo sem feiura, puro sem impurezas, regrado sem desordem e sem qualquer mancha ou imperfeição. Ele tinha no espírito como apanágio a luz da Sabedoria, pela qual conhecia perfeitamente seu Criador e suas criaturas. Tinha na alma a graça de Deus, pela qual era inocente e agradável aos olhos do Altíssimo. Tinha no corpo a imortalidade. Tinha no coração o puro amor a Deus, sem temer a morte, pelo qual o amava continuamente, sem descanso, e puramente, por amor a ele mesmo. Por fim, era tão divino que estava continuamente fora de si, transportado para Deus, sem ter de vencer paixão alguma nem combater qualquer inimigo.

Oh, liberalidade da Sabedoria eterna para com o homem! Oh, venturoso estado do homem em sua inocência!

[39] Mas, que grande desgraça! Eis que esse vaso inteiramente divino se quebra em mil pedaços; eis que essa bela estrela cai; eis que esse belo sol se cobre de lama; eis que o homem peca e, pecando, perde sua sabedoria, sua inocência, sua beleza, sua imortalidade. E, por fim, perde todos os bens que recebera e é atacado por uma infinidade de males. Seu espírito fica embrutecido e tenebroso; nada mais vê. Seu coração con-

gela para Deus: deixou de amá-lo. Sua alma fica turva de pecados, assemelhando-se ao demônio. Suas paixões tornam-se desregradas: não as domina mais. Sua única companhia são os demônios: tornou-se morada e escravo deles. É atacado pelas criaturas: elas lhe dão combate.

Eis que num instante o homem se tornou escravo dos demônios, objeto da cólera de Deus e vítima dos infernos! Para si mesmo parece tão horrendo que, de vergonha, vai esconder-se. É amaldiçoado e condenado à morte; é expulso do paraíso terrestre e já não tem um paraíso nos céus. Precisa levar, sem esperança de ser feliz, uma vida infeliz na terra maldita. Nela deve morrer como pecador e, depois da morte, ser como o diabo, danado para sempre no corpo e na alma, ele e todos seus filhos. Foi essa a pavorosa desgraça em que, ao pecar, o homem caiu; foi esse o veredicto imparcial que a justiça de Deus pronunciou contra ele.

[40] Adão, nesse estado, desespera-se; não pode receber remédio nem dos anjos nem das outras criaturas. Nada é capaz de repará-lo, porque ao ser criado era excessivamente belo e bem formado e, devido a seu pecado, é excessivamente horrendo e imundo. Ele se vê expulso do paraíso e da presença de Deus, vê a justiça divina que o persegue juntamente com toda sua posteridade; vê fechado o céu e aberto o inferno, e ninguém para abrir-lhe um e fechar-lhe o outro.

Capítulo IV
Maravilhas da bondade e misericórdia da Sabedoria eterna antes de sua Encarnação

[41] A Sabedoria eterna comove-se vivamente com a desgraça do pobre Adão e todos seus descendentes. Com grande desgosto vê quebrado seu vaso de honra, destroçado seu retrato, destruída sua obra-prima, destituído seu vigário na terra.

Escuta enternecida sua voz gemente e seus gritos. Vê com compaixão o suor de sua fronte, as lágrimas dos olhos, o penar de seus braços, a dor de seu coração e a aflição de sua alma.

1. O decreto da Encarnação

[42] Parece-me estar vendo essa amorável Soberana convocar e reunir uma segunda vez, digamos assim, a Santíssima Trindade para reparar o homem, como fizera para formá-lo. Parece-me que, nesse grande conselho, ocorre uma espécie de combate entre a Sabedoria eterna e a Justiça de Deus.

[43] Parece-me ouvir essa Sabedoria que, na causa do homem, diz que na verdade, devido a seu pecado, o homem merece, com sua posteridade, ser condenado para sempre com os anjos rebeldes; mas que é preciso ter piedade dele, porque pecou mais por fraqueza e ignorância do que por malícia. Argumenta, de um lado, que é muito lamentável uma obra-prima tão completa ficar eternamente escrava de seu inimigo e milhões e milhões de homens perderem-se para sempre devido ao pecado de um único. De outro lado, mostra os lugares do

céu desocupados devido à queda dos anjos apóstatas e que convém ocupar, e a grande glória que Deus receberá no tempo e na eternidade, se o homem for salvo.

[44] Parece-me ouvir a Justiça responder que a sentença de morte e de danação eterna foi pronunciada contra o homem e seus descendentes e deve ser executada sem protelação e sem misericórdia, como contra lúcifer e seus partidários; que o homem é ingrato ante os benefícios que recebeu; que em sua desobediência e seu orgulho seguiu o demônio e deve segui-lo em seus castigos, pois o pecado deve necessariamente ser punido.

[45] A Sabedoria eterna, vendo que no Universo nada havia que fosse capaz de expiar o pecado do homem, satisfazer a Justiça e acalmar a cólera de Deus, e, entretanto, desejando salvar o pobre homem que ela amava por inclinação, encontra um meio admirável.

Coisa espantosa, amor incompreensível que chega ao excesso: essa amorável e soberana Princesa oferece a si mesma em sacrifício ao Pai para satisfazer sua justiça, acalmar-lhe a cólera e para retirar-nos da escravidão do demônio e das chamas do Inferno e proporcionar-nos uma eternidade de bem-aventurança.

[46] Sua oferta é aceita; o conselho deliberou e decidiu: a Sabedoria eterna, ou o Filho de Deus, se fará homem no tempo adequado e nas circunstâncias estabelecidas. Durante cerca de quatro mil anos, que decorreram desde a criação do mundo e o pecado de Adão até a encarnação da divina Sabedoria, Adão e seus descendentes morreram segundo a lei de Deus promulgada [contra eles]; mas, em vista da encarnação do Filho de Deus, receberam graças por obedecerem seus mandamentos e penitenciarem-se dignamente depois de transgredi-los; e, se morreram na graça e na amizade de Deus, suas almas desceram ao limbo, à espera de seu Salvador e Libertador para abrir-lhes a porta do céu.

2. No tempo anterior à Encarnação

[47] A Sabedoria eterna, durante todo o tempo que antecedeu sua encarnação, demonstrou aos homens, de mil maneiras, a amizade que lhes dedicava e seu grande desejo de transmitir-lhes seus favores e relacionar-se com eles. Meu deleite – disse ela – é estar com os filhos dos homens: *Deliciae meae esse cum filiis hominum* (Pr 8,31). Voltou-se para todos os lados procurando os que eram dignos dela: *quoniam dignos se ipsa circuit quaerens* (Sb 6,16), ou seja, pessoas dignas de sua amizade, dignas de seus tesouros, dignas de sua própria pessoa. Espalhou-se entre as nações diversas, nas almas santas, para nelas formar amigos de Deus e profetas; e foi ela sozinha que formou todos os santos patriarcas, os amigos de Deus, os profetas e os santos do Antigo e do Novo Testamento: *Et per nationes in animas sanctas se transfert, amicos Dei et prophetas constituit* (Sb 7,27).

Foi essa Sabedoria eterna que inspirou os homens de Deus e falou pela boca dos profetas; e dirigiu-os em seus caminhos, esclareceu-os em suas dúvidas, sustentou-os em suas fraquezas e livrou-os de todos os males.

[48] Eis o que o próprio Espírito Santo, no capítulo 10 do Livro da Sabedoria, narrou nestes termos:

> 1. Foi a Sabedoria que protegeu aquele que Deus moldara primeiro para ser o pai dos homens, e que inicialmente foi criado sozinho, ou seja, Adão.
>
> 2. Também foi ela que o libertou de seu pecado e deu-lhe força para conter e governar todas as coisas.
>
> 3. Quando em sua cólera separou-se dela, o injusto, Caim, pereceu em desgraça pelo furor que o tornou assassino do irmão.
>
> 4. E quando, por causa dele, o dilúvio inundou a terra, novamente a Sabedoria salvou o mundo, conduzindo o justo, Noé, numa embarcação que parecia precária.
>
> 5. E quando as nações conspiraram juntas para entregarem-se ao mal, foi ela que reconheceu o justo, Abraão, que

o manteve irrepreensível perante Deus e deu-lhe força para vencer a ternura que sentia por seu filho Isaac.

6. Foi ela que salvou o justo, Ló, quando ele fugia do meio dos ímpios, que pereceram no fogo que caía sobre as cinco cidades,

7. de cuja corrupção é testemunha essa terra que ainda fumega e que permaneceu totalmente deserta, onde as árvores dão frutos que não amadurecem e uma estátua de sal é o monumento de uma alma incrédula.

8. Pois aqueles que não se empenharam em adquirir a Sabedoria não apenas decaíram na ignorância do bem, mas também deixaram aos homens marcas de suas loucuras, para que suas faltas não permanecessem ocultas.

[49] 9. Mas a Sabedoria livrou de todos os males os que cuidaram de reverenciá-la.

10. Foi ela que conduziu por caminhos retos o justo, Jacó, quando fugia da cólera de seu irmão Esaú; que lhe mostrou o Reino de Deus, que lhe deu conhecimento dos santos; que o fez enriquecer em seus trabalhos e colher-lhes o fruto.

11. Foi ela que o auxiliou contra os que desejavam apanhá-lo em ciladas e que o fez enriquecer.

12. Protegeu-o contra seus inimigos, defendeu-o dos sedutores e engajou-o num duro combate para que saísse vitorioso e soubesse que a Sabedoria é mais poderosa do que tudo.

13. Foi ela que não abandonou José, o justo, quando foi vendido; libertou-o das mãos dos pecadores; desceu com ele à cisterna.

14. Não o abandonou em seus grilhões até colocar-lhe nas mãos o cetro real e torná-lo senhor dos que o haviam tratado tão injustamente. Acusou de calúnia os que o haviam desonrado e deu-lhe renome eterno.

15. Foi ela que libertou o povo justo, os hebreus e sua descendência irrepreensível, da nação que o oprimia.

16. Entrou na alma do servo de Deus, Moisés, e com prodígios e sinais ergueu-se contra os reis temíveis.

17. Entregou aos justos a recompensa de seus trabalhos, conduziu-os por um caminho admirável e serviu-lhes de abrigo durante o dia e de luz durante a noite.

18. Conduziu-os pelo Mar Vermelho e fez que atravessassem águas profundas.

19. Afundou seus inimigos e ejetou-os do fundo do mar. Assim os justos despojaram os maus.

20. Eles honraram com seus cânticos vosso santo nome, Senhor, e todos juntos louvaram vossa mão vitoriosa.

21. Pois a Sabedoria abriu a boca dos mudos e soltou a língua dos pequeninos.

[50] No capítulo seguinte do Livro da Sabedoria o Espírito Santo indica os diversos males de que ela livrou Moisés e os israelitas enquanto estavam nos desertos. A isso podemos acrescentar que, no Antigo e no Novo Testamento, todos os que foram salvos de grandes perigos, como Daniel na cova dos leões, Suzana da falsa acusação de crime, os três jovens da fornalha de Babilônia, São Pedro da prisão, São João do caldeirão de óleo fervente e uma infinidade de mártires e confessores dos tormentos a que eram submetidos seus corpos e das calúnias com que lhes manchavam a reputação, podemos acrescentar, dizia eu, que todos foram salvos e curados pela Sabedoria eterna; *Nam per Sapientiam sanati sunt quicumque placuerit tibi, Domine, a principio* (Sb 9,19). (Pois quem agradou a ti, Senhor, foi curado pela Sabedoria, desde o princípio.)

Conclusão

51. Exclamemos, pois: Mil vezes venturosa a alma na qual a Sabedoria entrou e fez sua morada! De todo combate que enfrentar ela sairá vitoriosa; de todo perigo que a ameaçar será salva; de toda tristeza que a acabrunhar será aliviada e consolada; de toda humilhação em que cair será dignificada e glorificada no tempo e na eternidade.

Capítulo V
A maravilhosa excelência da Sabedoria eterna

[52] Visto que o Espírito Santo teve o trabalho de mostrar-nos a excelência da Sabedoria em termos tão sublimes e tão compreensíveis, basta mencioná-los aqui, com algumas breves reflexões.

[53] 1. A Sabedoria estende-se com vigor de um extremo a outro e tudo dispõe com doçura.

Nada é tão doce quanto a Sabedoria. É doce em si mesma, sem amargor; terna para os que a amam, sem causar-lhes fastio; suave em sua conduta, sem usar da força.

Muitos de vós direis que ela é tão discreta e doce que não está nos acidentes e derrocadas que ocorrem; mas, como tem uma força invencível, faz tudo chegar ao fim de modo imperceptível e forte, por caminhos que o homem não conhece. O sábio deve ser, como ela, *suaviter fortis et fortiter suavis* (suavemente forte e fortemente suave).

[54] 2. Amei-a e busquei-a já em minha juventude, procurei tê-la como esposa.

Quem quiser conquistar o grande tesouro da Sabedoria deve, como Salomão, buscá-la: 1º muito cedo e mesmo já na infância, se for possível; 2º espiritualmente e com pureza, como um casto esposo procura sua esposa; 3º constantemente, até o fim, até obtê-la. Não há dúvida de que a Sabedoria eterna tem tanto amor pelas almas que chega a desposá-las e contrair com elas um matrimônio espiritual mas verdadeiro, que o mundo não conhece; e a história dá-nos exemplos disso.

[55] 3. Ela mostra a nobreza de sua origem em estar intimamente unida a Deus e ser amada pelo Senhor de todas as coisas.

A Sabedoria é o próprio Deus: essa é a nobreza de sua origem. Deus Pai busca nela todo seu agrado, como Ele atestou; vede quanto é amada.

[56] 4. Ela é a mestra da ciência de Deus e a diretora das obras dele.

É somente a Sabedoria que esclarece todo homem que vem para este mundo; foi somente ela que desceu do céu para ensinar-nos os mistérios de Deus; e nosso único mestre verdadeiro é essa Sabedoria encarnada, chamada Jesus Cristo; é somente ela que direciona para seu fim todas as obras de Deus, particularmente os santos, dando-lhes a conhecer o que devem fazer e levando-os a apreciar e fazer o que lhes dá a conhecer.

[57] 5. Se as riquezas desta vida são desejáveis, o que haverá de mais rico do que a Sabedoria, que faz todas as coisas?

6. Se o espírito do homem produz uma obra, quem tem mais participação do que a Sabedoria nessa arte com que todas as coisas foram feitas?

7. Se alguém ama a justiça, as grandes virtudes também são obra da Sabedoria: é ela que ensina a temperança, a prudência, a justiça e a fortaleza, que parecem ser o que há de mais útil para o homem nesta vida.

Salomão mostra que, como devemos amar somente a Sabedoria, também é somente dela que devemos esperar tudo: os bens da fortuna, o conhecimento dos segredos da natureza, os bens da alma, as virtudes teologais e cardinais.

[58] 8. Se alguém deseja a profundidade da ciência, é a Sabedoria que sabe o passado e avalia o futuro. Ela penetra o que há de mais sutil nos discursos e de mais indecifrável nas parábolas; [conhece os sinais e os prodígios] antes que se manifestem e o que deve acontecer na sucessão das épocas [e] dos séculos.

Quem quiser ter das coisas da graça e da natureza um conhecimento que não seja banal, árido e superficial e sim, extraordinário, santo e profundo deve esforçar-se ao máximo para adquirir a Sabedoria, sem a qual um homem, apesar de erudito perante os homens, é considerado nulo perante Deus: *in nihilum computabitur* (Sb 9,6).

[59] 9. Decidi, portanto, tomá-la para ser a companheira de minha vida, sabendo que compartilhará comigo seus bens e será meu consolo em minhas tristezas e sofrimentos.

Quem pode ser pobre junto da Sabedoria, que é tão rica e tão liberal? Quem consegue estar triste junto da Sabedoria, que é tão doce, tão bela e tão terna? Quem, dos que buscam a Sabedoria, diz sinceramente com Salomão: *Proposui ergo: Portanto, decidi*? A maioria dos homens não tomou essa resolução sincera; têm apenas veleidades ou, quando muito, resoluções hesitantes e indiferentes; é por isso que nunca encontram a Sabedoria.

[60] 10. Ela me tornará ilustre entre os povos e, jovem como sou, serei honrado pelos anciãos.

11. Reconhecerão a agudeza de meu espírito para julgar bem. Os mais poderosos ficarão surpresos quando me virem e os príncipes mostrarão na fisionomia sua admiração.

12. Quando eu me calar, ficarão esperando que eu fale; quando falar, irão olhar-me atentamente e, quando eu me alongar em meus discursos, cobrirão a boca com a mão.

13. Também é ela que me dará a imortalidade e é por meio dela que eternizarei a memória de meu nome entre os que virão depois de mim.

14. Por meio dela governarei os povos e dominarei as nações.

Sobre essas palavras do Sábio louvando-se, São Gregório faz esta reflexão: Os que Deus escolheu para escrever suas palavras sagradas, por estarem repletos de seu Espírito Santo, saem de si mesmos de algum modo e entram no que os possui;

e assim, tornando-se a língua de Deus, consideram somente Deus no que dizem; falam de si como falariam de algum outro.

[61] 15. Os reis mais temíveis temerão quando ouvirem falar de mim. Mostrarei que sou bondoso para com meu povo e corajoso na guerra.

16. Voltando para casa, descansarei ao lado da Sabedoria; pois sua conversação nada tem de desagradável nem sua companhia, de entediante; ao contrário, proporciona apenas satisfação e alegria.

17. Então, depois de pensar nessas coisas e meditá-las em meu coração, considerando que em minha união com a Sabedoria alcançarei a imortalidade,

18. um santo prazer em sua amizade, riquezas inesgotáveis nas obras de suas mãos, inteligência em seus colóquios e suas conversações e grande glória na transmissão de seus discursos, fui procurá-la por todo lado, a fim de tomá-la como minha companheira.

O Sábio, depois de resumir em poucas palavras o que explicara antes, chega a esta conclusão: "Fui procurá-la por todo lado". Para obter a Sabedoria é preciso buscá-la com ardor, ou seja: é preciso estar disposto a abandonar tudo, sofrer tudo e empreender tudo para possuí-la. Poucos são os que a encontram, porque poucos a buscam de um modo que seja digno dela.

[62] O Espírito Santo, no capítulo 7 do Livro da Sabedoria, também fala de sua excelência, nestes termos: Na Sabedoria há um espírito inteligente que é santo, único, múltiplo em seus efeitos, sutil, eloquente, ágil, sem mácula, límpido, manso, amigo do bem, penetrante, que nada pode impedir de agir, benfazejo, apreciador dos homens, bom, estável, infalível, tranquilo, que tudo pode, que tudo vê, que encerra em si todos os espíritos, compreensível, puro e sutil. Pois a Sabedoria é mais ativa do que tudo o que age e chega a toda parte graças a sua pureza.

Por fim, a Sabedoria é um tesouro inesgotável para os homens; e os que a adquiriram tornaram-se amigos de Deus, pois se fizeram recomendáveis pelos dons da instrução: *Infinitus enim thesaurus est hominibus, quo qui usi sunt participes facti sunt amicitiae Dei, propter disciplinae dona commendati* (Sb 7,14).

[63] Depois dessas palavras tão poderosas e tão ternas do Espírito Santo para mostrar-nos a beleza, a excelência e os tesouros da Sabedoria, que homem não a amará e não a buscará com todas suas forças? Mais ainda porque é um tesouro infinito, próprio do homem, para o qual o homem é feito e porque ela mesma deseja infinitamente dar-se ao homem.

Capítulo VI
O intenso desejo da Sabedoria de dar-se aos homens

[64] Entre a Sabedoria eterna e o homem há um vínculo de amizade tão forte que chega a ser incompreensível. A Sabedoria existe para o homem e o homem, para a Sabedoria. *Thesaurus infinitus hominibus* (Sb 7,14) (é um tesouro infinito para os homens), e não para os anjos ou para as outras criaturas.

Essa amizade da Sabedoria pelo homem provém de, em sua criação, o homem ser o resumo das maravilhas dela, seu pequeno e grande mundo, sua imagem viva e seu lugar-tenente na terra. E, desde que, pelo excesso de amor que lhe dedicava, tornou-se semelhante a ele ao fazer-se homem e entregou-se à morte para salvá-lo, ama-o como a seu irmão, seu amigo, seu discípulo, seu aluno, preço de seu sangue e co-herdeiro de seu reino; de modo que a fazemos sofrer uma violência infinita quando lhe recusamos ou lhe arrebatamos o coração de um homem.

1. A carta de amor da Sabedoria eterna

[65] Essa beleza eterna e supremamente amorável deseja tanto a amizade dos homens que fez um livro expressamente para conquistá-la, revelando-lhe suas excelências e seu anseio por ele. Esse livro é como uma carta de uma amada para seu amado, a fim de conquistar sua afeição. Os desejos que ela atesta do coração do homem são tão calorosos, as buscas que faz de sua amizade são tão ternas, seus convites e promessas são tão

apaixonados que, ouvindo-a falar, diríeis que ela não é a Soberana do céu e da terra e que precisa do homem para ser feliz.

[66] Para encontrar o homem, ora ela percorre as estradas, ora sobe ao topo das mais altas montanhas; ora vai às portas das cidades, ora entra nas praças públicas, no meio das assembleias, bradando tão alto quanto consegue: *O viri, ad vos clamito, et vox mea ad filios hominum* (Pr 8,4). (Ó, homens; ó, filhos dos homens! É a vós que brado já há tanto tempo; é a vós que minha voz se dirige; é a vós que desejo; sois vós que busco; sois vós que reclamo. Escutai, vinde a mim, quero fazer-vos felizes!) E para atraí-los, fortemente diz-lhes:

"É por mim e por minha graça que os reis reinam, os príncipes comandam e os potentados e os monarcas portam cetro e coroa. Sou eu que inspiro aos legisladores a ciência de redigir boas leis para civilizar os estados e que dou aos magistrados força para exercerem a justiça equitativamente e sem temor.

[67] Amo aqueles que me amam, e qualquer pessoa que me procurar com empenho me encontrará e, encontrando-me, encontrará abundância de todos os bens. Pois as riquezas, a glória, as honrarias, as dignidades, os prazeres autênticos e as virtudes verdadeiras estão comigo; e para um homem é incomparavelmente melhor possuir-me do que possuir todo o ouro e toda a prata do mundo, todas as pedrarias e todos os bens de todo o Universo. Conduzo as pessoas que vêm a mim pelos caminhos da justiça e da prudência e enriqueço-as com as posses dos filhos verdadeiros, até o auge de seus desejos. E tende certeza de que meus prazeres mais doces e minhas delícias mais apreciadas são conversar e estar com os filhos dos homens.

[68] Agora, pois, meus filhos, escutai-me. Bem-aventurados aqueles que seguem meus caminhos. Escutai minhas instruções, sede sábios e não as rejeiteis. Feliz aquele que me escuta, que vela todo dia na entrada de minha casa e permanece à minha porta.

Quem houver me encontrado encontrará a vida; e da bondade do Senhor obterá a salvação. Mas quem pecar contra mim ferirá sua alma. Todos os que me odeiam amam a morte".

[69] Depois de tudo o que disse de mais terno e mais convidativo para atrair a amizade dos homens, ela ainda receia que, por causa de seu brilho maravilhoso e de sua majestade suprema, eles não ousem, por respeito, aproximar-se. Por isso manda dizer-lhes que seu acesso é fácil; que ela se mostra espontaneamente aos que a amam; que se antecipa aos que a desejam; que lhes aparece de antemão e quem acordar cedo para buscá-la não terá muita dificuldade para encontrá-la, pois a encontrará sentada à sua porta, aguardando-o.

2. A Encarnação, a morte e a Eucaristia

[70] Por fim, para aproximar-se mais dos homens e testemunhar-lhes mais evidentemente seu amor, a Sabedoria eterna chegou a fazer-se homem, a tornar-se criança, tornar-se pobre e morrer na cruz por eles. Quantas vezes ela bradou, quando vivia na terra: "Vinde a mim, vinde todos a mim; sou eu, nada temais; por que temeis? Sou igual a vós; amo-vos. É porque sois pecadores? Ora, é a eles que busco; sou amiga dos pecadores. É porque vos extraviastes do aprisco por culpa vossa? Ora, eu sou o Bom Pastor. É porque estais carregados de pecados, cobertos de impurezas, acabrunhados de tristeza? Ora, é justamente por isso que deveis vir a mim, pois vos aliviarei, vos purificarei, vos consolarei".

[71] Desejando, de um lado, mostrar seu amor pelo homem a ponto de morrer no lugar dele a fim de salvá-lo e, de outro lado, não conseguindo decidir-se a deixá-lo, ela encontra um segredo admirável para morrer e viver ao mesmo tempo, e permanecer com o homem até o fim dos séculos: é a amorosa invenção da Eucaristia; e para conseguir contentar seu amor nesse mistério, não hesita em mudar e revolucionar toda a natureza.

Se ela não se esconde sob o brilho de um diamante ou outra pedra preciosa, é porque não deseja apenas permanecer exteriormente com o homem: esconde-se sob a aparência de um pedacinho de pão, que é o alimento próprio do homem, para que, sendo comida pelo homem, entre em seu coração para deleitar-se ali: *Ardenter amantium hoc est* (isso é próprio dos que amam ardentemente).

O Deum vere prodigum sui prae desiderio hominis! (Ó, Sabedoria eterna – diz um santo – ó, Deus realmente pródigo de si mesmo, pelo desejo que tem do homem!)

3. Ingratidão dos que a recusam

[72] Se não nos sensibilizamos com os anseios intensos, as buscas amorosas e os testemunhos de amizade dessa amorável Sabedoria, qual é nossa dureza e nossa ingratidão? Mas, se em vez de escutá-la fechamos-lhe nossos ouvidos; se em vez de buscá-la fugimos dela; se em vez de honrá-la, de amá-la nós a desprezamos e ofendemos, quanta crueldade é a nossa e qual será nosso castigo, já neste mundo mesmo! Diz o Espírito Santo: Aqueles que não se deram ao trabalho de adquirir a Sabedoria não somente caíram na ignorância do bem, mas também deixaram aos homens marcas de sua loucura, para que suas faltas não pudessem permanecer ocultas: *Sapientiam enim praetereuntes, non tantum in hoc lapsi sunt ut ignorarent bona, sed et insipientiae suae reliquierunt hominibus memoriam, ut in his quae peccaverunt, nec latere potuissent* (Sb 10,8).

Há três desgraças, durante a vida, para os que não se dão ao trabalho de adquirir a Sabedoria. Eles caem: 1º na ignorância e na cegueira; 2º na loucura; 3º no escândalo e no pecado.

Mas qual é seu infortúnio na morte quando, a contragosto, ouvem a Sabedoria censurá-los: *Vocavi et renuistis* (Pr 1,24). (Chamei-vos e não me respondestes; estendi-vos meus braços o dia todo e desprezastes-me; esperei-vos sentada à vossa porta e não viestes a mim.) *Ego quoque in interitu vestro ridebo et subsannabo vos* (Pr 1,26). (Eu, por minha vez, zombo de vós; já não tenho ouvidos para ouvir vossos gritos, nem olhos para ver vossas lágrimas, nem coração para comover-me com vossos soluços, nem mãos para prestar-vos socorro.)

E quão infortunados eles serão no inferno! Lede o que o próprio Espírito Santo disse das desgraças, dos lamentos, do arrependimento e do desespero, no inferno, dos loucos que reconhecem tarde demais a loucura e a infelicidade de haverem menosprezado a Sabedoria de Deus. *Talia dixerunt in inferno* (Sb 5,14). (Eles começaram a falar sabiamente, mas no inferno.)

4. Conclusão

73. Portanto, desejemos e busquemos unicamente a divina Sabedoria. *Cuncta quae desiderantur, huic et non valent comparari* (Pr 3,15). E, em outra passagem: *Omne desiderabile ei non potest comparari* (Pr 8,11). (Não podemos desejar nada a mais do que a Sabedoria.) Assim, sejam quais forem os dons de Deus, sejam quais forem os tesouros celestes que desejáveis, se não desejais a Sabedoria estais desejando algo menor do que ela. Ah! se conhecêssemos o que é esse tesouro infinito da Sabedoria, feito para o homem – pois admito que nada disse sobre isso – suspiraríamos por ela noite e dia; voaríamos velozmente para os extremos do mundo e, se fosse preciso, atravessaríamos alegremente chamas e lâminas para merecê-la.

Mas é preciso cuidado para não se enganar na escolha da Sabedoria, pois existem vários tipos dela.

Capítulo VII
Escolha da Sabedoria verdadeira

[74] Deus tem sua Sabedoria, e é a única e verdadeira que deve ser amada e buscada como um grande tesouro. Mas o mundo corrupto também tem sua sabedoria, e ela deve ser condenada e detestada como má e perniciosa. Os filósofos também têm sua sabedoria, e deve ser desprezada como inútil e frequentemente perigosa para a salvação.

Até aqui, falamos da Sabedoria de Deus às almas perfeitas, como diz o Apóstolo; mas, para evitar que elas sejam enganadas pelo brilho falso da sabedoria mundana, mostraremos a impostura e a malignidade desta.

1. A sabedoria mundana

[75] A sabedoria mundana é aquela da qual está dito: *Perdam sapientiam sapientium* (1Cor 1,19). (Perderei a sabedoria dos sábios segundo o mundo.) *Sapientia carnis inimica est Deo* (Rm 8,1). (A sabedoria da carne é inimiga de Deus.) *Non est ista sapientia desursum descendens, sed terrena, animalis, diabolica* (Tg 3,13). (Essa sabedoria não vem do céu: é uma sabedoria terrena, animal e diabólica.)

Essa sabedoria do mundo está em perfeita conformidade com as máximas e as modas do mundo; é uma contínua tendência para o engrandecimento e a estima; é uma busca contínua e secreta do prazer pessoal e do interesse pessoal, não de modo grosseiro e evidente, cometendo algum pecado escandaloso, mas de modo fino, enganador e político – do contrário, para o mundo já não seria sabedoria e sim, libertinagem.

[76] Um sábio do mundo é um homem que sabe cuidar bem de seus interesses e fazer tudo resultar em seu benefício temporal, quase sem parecer fazê-lo intencionalmente; que conhece a arte de disfarçar e enganar sutilmente, sem que alguém perceba; que diz ou faz uma coisa e pensa outra; que nada ignora dos ares e cumprimentos do mundo; que para alcançar seus fins, sabe adaptar-se a todos, sem importar-se muito com a honra e o interesse de Deus; que faz um acordo secreto, mas funesto, da verdade com a mentira, do Evangelho com o mundo, da virtude com o pecado, de Jesus Cristo com Belial; que quer passar por respeitável, mas não por devoto; que menospreza, envenena ou condena facilmente todas as práticas de piedade que não se ajustem às suas. Por fim, um sábio mundano é um homem que, conduzindo-se apenas pela luz dos sentidos e da razão humana, procura somente cobrir-se com as aparências de cristão e de homem de bem, sem empenhar-se em agradar a Deus nem em expiar pela penitência os pecados que cometeu contra sua Divina Majestade.

[77] A conduta desse sábio do mundo baseia-se no ponto de honra, em "o que dirão", no costume, na boa mesa, no interesse, no ar de importância, na espirituosidade. São esses os sete motivos inocentes – acredita ele – nos quais se apoia para levar uma vida tranquila. Possui virtudes particulares que o fazem adorado pelos mundanos, como valentia, sutileza, política, habilidade, galanteria, polidez, jovialidade. Considera pecados consideráveis a insensibilidade, a estupidez, a pobreza, a rusticidade, a beatice.

[78] Segue tão fielmente quanto pode os mandamentos que o mundo lhe deu:

1. Conhecerás bem o mundo;
2. Viverás como homem respeitável;
3. Farás bem teus negócios;
4. Conservarás o que te pertence;
5. Sairás da poeira;

6. Farás amigos;

7. Frequentarás as altas rodas;

8. Comerás e beberás do bom e do melhor;

9. Não causarás melancolia;

10. Evitarás a singularidade, a rusticidade, a beatice.

[79] O mundo nunca foi tão corrupto como agora, porque nunca foi tão refinado, tão sábio [de seu ponto de vista] nem tão político. Utiliza tão argutamente a verdade para inspirar a mentira, a virtude para autorizar o pecado e as próprias máximas de Jesus Cristo para autorizar as suas que mesmo os mais sábios [segundo Deus] muitas vezes são enganados.

O número desses sábios, segundo o mundo, ou desses loucos, segundo Deus, é infinito: *Stultorum infinitus est numerus* (Ecl 1,15).

[80] A sabedoria terrena, da qual fala São Tiago, é o amor aos bens terrenos. É essa sabedoria que os sábios do mundo professam secretamente, quando dedicam o coração ao que possuem; quando procuram enriquecer; quando intentam processos e fazem chicanas inúteis para obter ou conservar riquezas; quando na maior parte do tempo pensam, falam, agem com o único objetivo de ter ou conservar algo temporal, cuidando de alcançar a salvação e dos meios de obtê-la – como a confissão, a comunhão, a oração etc. – somente de modo leviano, por obrigação, esporadicamente e para manter as aparências.

[81] A sabedoria carnal é o amor ao prazer. É essa sabedoria que os sábios do mundo professam quando buscam apenas os prazeres dos sentidos; quando amam a boa mesa; quando afastam de si tudo o que possa mortificar ou incomodar o corpo, como os jejuns, as penitências etc.; quando habitualmente pensam apenas em beber, comer, jogar, rir, divertir-se e passar agradavelmente o tempo; quando procuram os leitos macios, os jogos divertidos, os festins agradáveis e as belas companhias.

E, depois de, sem escrúpulos, terem todos os prazeres que puderam ter sem desagradar o mundo e sem prejudicar a saúde, procuram o confessor menos escrupuloso (é assim que denominam os confessores relapsos que não cumprem seu dever), a fim de obterem dele, a baixo custo, paz em sua vida indolente e efeminada e indulgência plenária de todos seus pecados. Digo "a baixo custo" porque esses sábios, segundo a carne, geralmente querem como penitência somente algumas orações ou algumas esmolas, detestando o que possa afligir o corpo.

[82] A sabedoria diabólica é o amor e a estima pelas honrarias. É essa sabedoria que os sábios do mundo professam quando almejam, embora secretamente, grandezas, honrarias, dignidades e cargos relevantes; quando procuram ser vistos, estimados, elogiados e aplaudidos pelos homens; quando em seus estudos, trabalhos, lutas, falas e ações buscam apenas a estima e o louvor dos outros, para passarem por pessoas devotas, cultas, grandes capitães, jurisconsultos eruditos, pessoas de mérito infinito e distinto ou de grande consideração; quando não toleram ser menosprezados ou criticados; quando ocultam seus defeitos e exibem apenas o que tiverem de bom.

[83] É preciso, com Nosso Senhor Jesus, a Sabedoria encarnada, detestar e condenar esses três tipos de falsa sabedoria para adquirir a verdadeira: a que não busca seu próprio interesse, não se encontra na terra e no coração dos que vivem à larga e abomina tudo o que é grandioso e prestigioso perante os homens.

2. A sabedoria natural

[84] Além dessa sabedoria mundana, que é condenável e perniciosa, há uma sabedoria natural entre os filósofos.

Era essa sabedoria natural que outrora os egípcios e os gregos buscavam com tanto empenho: *Graeci sapientiam quaerunt*

(1Cor 1,22). Os que a haviam adquirido eram denominados magos ou sábios. Essa sabedoria é um conhecimento eminente da natureza em seus princípios. Foi plenamente transmitida a Adão em sua inocência; foi abundantemente dada a Salomão e, no decurso das épocas, alguns grandes homens receberam alguma parte, como a história nos ensina.

[85] Os filósofos exaltam seus argumentos de filosofia como um meio de adquirir essa sabedoria.

Os alquimistas exaltam os segredos de sua cabala para encontrar a pedra filosofal, na qual imaginam que essa sabedoria está encerrada.

Na verdade, a filosofia escolástica, estudada de modo cristão, abre o espírito e torna-o apto para as ciências superiores; mas nunca dará essa suposta sabedoria natural tão valorizada na Antiguidade.

[86] A química ou alquimia, ou ciência de dissolver os corpos naturais e reduzi-los a seus princípios, é ainda mais vã e mais perigosa. Essa ciência, apesar de verdadeira em si mesma, iludiu e enganou uma infinidade de pessoas quanto ao fim que elas se propunham; e, pela experiência que pessoalmente tenho do assunto, não duvido de que hoje o demônio a utilize para levar à perda de dinheiro e de tempo, da graça e mesmo da alma, com o pretexto de encontrar a pedra filosofal. Não há uma ciência que proponha a execução de coisas maiores e por meios mais aparentes.

Essa ciência promete a pedra filosofal, ou o que eles denominam pó de projeção; lançado em qualquer metal, quando fundido, esse pó transforma-o em prata ou em ouro; dá saúde, cura doenças, até mesmo prolonga a vida e opera uma infinidade de maravilhas que os ignorantes julgam divinas e miraculosas. Há um grupo de pessoas, os chamados cabalistas, que se dizem peritos nessa ciência; eles mantêm seus mistérios tão ocultos que prefeririam perder a vida a revelar seus supostos segredos.

[87] Eles justificam o que dizem:

1º Com a história de Salomão, que asseguram ter recebido o segredo da pedra filosofal e de quem exaltam um livro secreto, mas falso e pernicioso, intitulado Clavícula de Salomão.

2º Com a história de Esdras, a quem Deus ofereceu um licor celestial que lhe deu a Sabedoria, como está indicado no livro 7 de Esdras[3].

3º Com as histórias de Raimundo Lúlio[4] e de vários outros grandes filósofos que eles afirmam que encontraram essa pedra filosofal.

4º Por fim, para melhor cobrirem com o manto da piedade suas lorotas, dizem que se trata de um dom de Deus, que Ele só concede aos que o pediram durante longo tempo e que o mereceram por seus trabalhos e orações.

[88] Relatei-vos os devaneios ou as ilusões dessa ciência vã para que não sejais enganados como tantos outros, pois sei de muitos que, depois de fazerem várias despesas inúteis e perderem muito tempo procurando esse segredo, com os pretextos mais belos e piedosos do mundo e da maneira mais devota, por fim foram obrigados a arrepender-se, admitindo seus enganos e suas ilusões.

Não concordo que a pedra filosofal seja possível. O erudito Delrio[5] assegura que sim e que prova isso; outros a negam. De qualquer modo, não convém e até mesmo é perigoso um cristão empenhar-se em procurá-la. É injuriar Jesus Cristo, a Sabedoria Encarnada, *no qual estão todos os tesouros*

3. Trata-se de um livro apócrifo [N.T.].
4. Raimundo Lúlio (±1232-1315), filósofo, teólogo e missionário, beato da Igreja Católica; nada indica que o conjunto pseudoluliano de textos associando-o à alquimia seja realmente de sua autoria [N.T.].
5. Martin Antonio Delrio ou Del Rio (1551-1608), filólogo, historiador e teólogo jesuíta; sua obra mais famosa é *Disquisitionum magicarum libri sex*, um tratado sobre magia, bruxaria e ocultismo [N.T.].

da Sabedoria e da ciência de Deus, todos os bens da natureza, da graça e da glória. É desobedecer o Espírito Santo, que diz: *Altiora te ne quaesieris* (Ecl 3,22). (Não investigues o que está acima de tuas forças.)

3. Conclusão

[89] Portanto, permaneçamos em Jesus Cristo, a Sabedoria eterna e encarnada, fora do qual há apenas descaminho, mentira e morte. *Ego sum Via, Veritas et Vita* (Jo 14,6). (Eu sou o Caminho, a Verdade e a Vida.)

Vejamos seus efeitos nas almas.

Capítulo VIII
Efeitos maravilhosos da Sabedoria eterna nas almas dos que a possuem

[90] Como essa beleza suprema é naturalmente amiga do bem – *amans bonum* –, especialmente do bem do homem, seu maior prazer é transmitir-se. É por isso que o Espírito Santo diz que ela procura entre as nações pessoas que a mereçam, e que se espalha e se transporta para as almas santas: *in animas sanctas se transfert* (Sb 7,27); e que foi essa transmissão da Sabedoria eterna que fez os amigos de Deus e os profetas.

Outrora ela entrou na alma de Moisés, servo de Deus, e transmitiu-lhe uma luz abundante para ver coisas grandiosas e uma força admirável para fazer milagres e conquistar vitórias: *Intravit in animam servi Dei, et stetit contra reges horrendos, in portentis et signis* (Sb 10,16). Quando a divina Sabedoria entra numa alma, leva consigo toda espécie de bens e transmite-lhe riquezas inumeráveis: *Omnia bona mihi venerunt cum illa et innumerabilis honestas per manus illius* (Sb 7,11). É esse o testemunho que Salomão presta à verdade, depois de receber a Sabedoria.

[91] Entre uma infinidade de operações que a Sabedoria faz nas almas, muitas vezes de maneira tão discreta que a própria alma não percebe, eis algumas mais habituais:

[92] 1º A Sabedoria eterna transmite seu espírito resplandecente à alma que a possui: *Optavi et datus est mihi sensus, et invocavi, et venit in me spiritus Sapientiae* (Sb 7,7). (Desejei, e foi-me dado entendimento; invoquei, e o espírito da Sabe-

doria baixou em mim.) É esse espírito sutil e penetrante que faz um homem, a exemplo de Salomão, julgar todas as coisas com grande discernimento e grande profundidade: *Acutus inveniar in judicio, et in conspectu potentium admirabilis ero* (Sb 8,11). Por causa da Sabedoria, que me transmitiu seu espírito, reconhecerão a acuidade de meu espírito nos juízos; os mais poderosos ficarão surpresos quando me virem.

[93] Ela transmite ao homem a grande ciência dos santos e as outras ciências naturais, mesmo as mais secretas, quando são convenientes para ele: *Si multitudinem scientiae desiderat quis, scit praeterita et de futuris aestimat, scit versutias sermonum, et dissolutiones argumentorum* (Sb 8,8). Deu a Jacó a ciência dos santos: *Dedit illi scientiam sanctorum* (Sb 10,10).

Deu a Salomão o conhecimento verdadeiro de toda a natureza: *Dedit mihi horum quae sunt scientiae veram* (Sb 7,17). Revelou-lhe uma infinidade de segredos que antes dele ninguém soubera: *Quaecumque sunt absconsa et improvisa didici* (Sb 7,21).

[94] Foi desse manancial infinito de luzes que os maiores Doutores da Igreja, entre outros Santo Tomás de Aquino, como ele mesmo admite, beberam esses admiráveis conhecimentos que os tornaram meritórios. E observareis que as luzes e os conhecimentos que a Sabedoria dá não são conhecimentos áridos, estéreis e indevotos, mas conhecimentos luminosos, untuosos, operantes e piedosos, que tocam e contentam o coração enquanto esclarecem o espírito.

[95] 2º A Sabedoria dá ao homem não somente suas luzes para conhecer a verdade, mas também uma admirável capacidade de levar os outros a conhecê-la: *Scientiam habet vocis* (Sb 1,7). A Sabedoria sabe o que é dito e transmite a ciência de dizê-lo bem, porque foi ela que abriu a boca dos mudos e tornou eloquentes as línguas das crianças: *Quoniam Sapientia aperuit os mutorum, et linguas infantium fecit disertas* (Sb 10,21).

Ela desatou a língua de Moisés, que estava travada. Deu palavras suas aos profetas para arrancarem, destruírem, dissiparem, construírem e plantarem: *Dedi verba mea in ore tuo... ut evellas, et destruas, et disperdas, et dissipes, et aedifices et plantes* (Jr 1,10), embora eles admitissem que, por si sós, não sabiam falar melhor do que crianças.

Foi a Sabedoria que deu aos apóstolos facilidade para pregarem por toda parte o Evangelho e anunciarem as maravilhas de Deus: *Loquentes... magnalia Dei* (At 2,11). *Sermone ditans guttura.* (Fazia-lhes da boca um tesouro de palavras.) Como a divina Sabedoria é palavra na eternidade e no tempo, ela sempre falou, e com base em suas palavras tudo foi feito e tudo foi reparado. Falou pelos profetas, pelos apóstolos e falará até o fim dos séculos pela boca daqueles a quem doar-se.

[96] Mas as palavras que a divina Sabedoria transmite não são palavras comuns, naturais e humanas; são palavras divinas: *vere verbum Dei* (1Ts 2,13). São palavras fortes, tocantes, penetrantes: *penetrabilior omni gladio ancipiti* (Hb 4,12); que saem do coração daquele por meio de quem ela fala e chegam ao coração de quem a escuta. É esse dom da Sabedoria que Salomão recebera, quando diz que Deus lhe concedera a graça de falar segundo o que sentia no coração: *Mihi autem dedit Deus dicere ex sententia* (Sb 7,15).

[97] Foram essas palavras que Nosso Senhor prometeu a seus apóstolos: *Dabo vobis os et sapientiam cui non poterunt resistere...* (Lc 21,15). (Eu vos darei tanta fluência, tanta sabedoria e força em vossas palavras que vossos inimigos não conseguirão resistir-lhes.)

Ah, como nesta época são poucos os pregadores que tenham esse dom inefável da palavra e possam dizer com São Paulo: *Loquimur Dei Sapientiam* (1Cor 2,7). (Falamos a Sabedoria de Deus!) Eles falam, quase todos, segundo as luzes naturais de seus espíritos, ou segundo o que extraíram dos livros, mas não *ex sententia*, segundo o que a divina Sabedoria os faz sentir, ou então *ex abundantia cordis*, segundo a abundância divina que a Sabedoria lhes transmite. É por isso que agora vemos tão poucas conversões operadas pela palavra. Se um pregador tivesse realmente recebido da Sabedoria esse dom de falar, seus ouvintes dificilmente resistiriam a suas palavras, como outrora: *non poterant resistere Sapientiae et Spiritui qui loquebatur* (At 6,10). (Os que ouviam não conseguiam resistir à Sabedoria e ao Espírito que falava.) Esse pregador falaria ao mesmo tempo com tanta brandura e autoridade, *quasi potestatem habens* (Mc 1,22), que suas palavras não lhe retornariam vazias e sem efeito.

[98] 3º Como a Sabedoria eterna é o objeto da bem-aventurança e do agrado do Pai Eterno, a alegria dos anjos, ela é para o homem que a possui o princípio das mais puras doçuras e consolações. Dá-lhe gosto por tudo o que é de Deus e o faz perder o gosto pelas criaturas. Enche-lhe de júbilo o espírito com o brilho de suas luzes; verte-lhe no coração uma alegria, uma doçura e uma paz indizíveis, mesmo entre as amarguras e atribulações mais duras, como atesta São Paulo, que bradava: *In omni superabundo gaudio tribulatione nostra* (2Cor 7,4).

Entrando em minha casa – diz Salomão –, embora esteja sozinho, encontrarei ao lado dela um suave repouso, pois nada há de desagradável em sua conversação nem de tedioso em sua companhia: só proporcionam satisfação e alegria. E não só em minha casa e em seu convívio eu encontrava alegria, mas mesmo em todos os lugares e em todas as coisas, porque ela caminhava à minha frente: *Intrans in domum meum, conquiescam cum illa: quoniam non habet amaritudinem conversatio illius, nec taedium convictus illius, sed laetitiam et gaudium... Et laetatus sum in omnibus, quoniam antecedebat me ista Sapientia*. Há um santo e verdadeiro prazer em sua amizade: *Et in amicitia illius delectatio bona* (Sb 8,18); ao passo que as alegrias e os prazeres que podemos obter das criaturas são apenas aparência de prazer e sofrimento espiritual.

[99] 4º Quando se transmite para uma alma, a Sabedoria eterna dá-lhe todos os dons do Espírito Santo e todas as grandes virtudes, em grau eminente, ou seja, as virtudes teologais: fé viva, esperança firme, caridade ardente; as virtudes cardinais: temperança regrada, prudência consumada, justiça perfeita, humildade profunda, brandura encantadora, obediência cega, desapego universal, mortificação contínua, oração sublime etc. São essas virtudes admiráveis e esses dons celestes que o Espírito Santo expressa divinamente em poucas palavras, quando diz: *Si justitiam quis diligit, labores hujus magnas habent virtutes: sobrietatem enim et prudentiam docet, et justitiam et virtutem, quibus utilius nihil est in vita hominibus* (Sb 8,7).

[100] 5º Por fim, como não há nada mais ativo do que a Sabedoria, *omnibus enim mobilibus mobilior est* (Sb 7,24), ela não deixa entorpecerem-se na tibieza e na negligência os que têm sua amizade. Enche-os de ardor; inspira-lhes grandes empreendimentos para glória de Deus e salvação das almas; e, para testá-los e torná-los mais dignos dela, proporciona-lhes grandes combates e reserva-lhes contradições e contrariedades em quase tudo o que empreenderem. Permite ora que o demônio os tente, ora que o mundo os calunie e despreze, ora que seus inimigos os sobrepujem e derrubem, ora que os amigos e parentes os abandonem e atraiçoem. Aqui ela lhes providencia uma perda de bens, ali uma doença; aqui uma injúria, ali uma tristeza e um desalento. Enfim, coloca-os à prova de todas as maneiras no cadinho da atribulação, como ao ouro na fornalha. Mas seu tormento – diz o Espírito Santo – foi leve e sua recompensa será grande, porque Deus os tentou e encontrou-os dignas dele. Colocou-os à prova como ao ouro na fornalha; recebeu-os como a uma vítima de holocausto e os olhará favoravelmente quando sua hora chegar: *Et si coram hominibus tormenta passi sunt, spes illorum immortalitate plena est. In pauces vexati, in multis bene disponentur: quoniam Deus tentavit eos, et invenit illos dignos se. Tanquam aurum in fornace probavit illos, et quasi holocausti hostiam accepit illos, et in tempore erit*

respectus illorum (Sb 3,4-7). Foi a Sabedoria que enriqueceu o justo em seus trabalhos e fez que lhes colhesse o fruto; foi ela que o auxiliou contra os que lhe armavam ciladas e que o fez enriquecer. Protegeu-o contra seus inimigos, defendeu-o dos sedutores e engajou-o num duro combate, para que saísse vitorioso e soubesse que a Sabedoria é mais poderosa do que tudo: *Honestavit illum in laboribus et complevit labores illius, in fraude circumvenientium illum affuit illi, et honestum fecit illum. Custodivit illum ab inimicis, et a seductoribus tutavit illum et certamen forte dedit illi, ut vinceret, et sciret quoniam omnium potentior est Sapientia* (Sb 10,10-12).

[101] A história da vida do beato dominicano Henrique Suso[6] relata que, desejando ardentemente possuir a Sabedoria eterna, várias vezes se ofereceu a ela para sofrer toda espécie de tormentos, contanto que obtivesse sua benevolência. "Ora – dizia ele consigo um dia –, acaso não sabes que os enamorados abraçam mil e mil sofrimentos por aquela que é o objeto de seu amor? As vigílias lhes são amenas; as fadigas, agradáveis e o trabalho, repousante, quando estão seguros de que a pessoa que amam se sentirá grata e satisfeita. Se os homens fazem essas coisas para contentar uma carcaça fétida, não enrubesces de vergonha por hesitares em tua resolução de ter a Sabedoria? Não, Sabedoria eterna, nunca recuarei no amor a vós, ainda que tivesse de embrenhar-me de cabeça em moitas de espinhos a fim de chegar ao lugar de vossa morada; ainda que meu corpo e minha alma tivessem de ser palco de mil crueldades, prezarei vossa amizade mais que tudo e reinareis absoluta sobre todas minhas afeições."

[102] Alguns dias depois de estar viajando, Henrique Suso caiu nas mãos de ladrões que o agrediram e o deixaram num estado tão lastimável que até mesmo eles se condoeram. Então, vendo-se nesse estado, desenganado de qualquer socorro, Henrique Suso caiu em profunda melancolia, esqueceu sua

6. Ou Heinrich Suso (1295-1366), místico e teólogo alemão [N.T.].

resolução de ser corajoso nas aflições e pôs-se a chorar e pensar por que Deus o atormentava assim. Enquanto pensava, foi tomado pelo sono, e de manhã, ao romper do dia, ouviu uma voz que o repreendia assim: "Eis aí então nosso soldado que arrasa montanhas, escala rochedos, arromba cidadelas, mata e espedaça todos seus inimigos quando está na prosperidade, e que depois não tem coragem, braços nem pernas na adversidade. É um leão no tempo da consolação e um cervo medroso na atribulação; a Sabedoria não concede sua amizade a esses poltrões e a esses fracos".

Ante essas reprimendas, o Beato Henrique confessa a falta que cometera afligindo-se excessivamente, e ao mesmo tempo suplica à Sabedoria que lhe permita chorar e aliviar pelos olhos o coração oprimido. "Não, não – replicou aquela voz –, nenhum habitante do céu te daria valor algum se, como uma criança ou uma mulher, te entregasses às lágrimas; enxuga os olhos e mostra uma fisionomia tranquila."

[103] Assim a cruz é o quinhão e a recompensa dos que desejam ou possuem a Sabedoria eterna. Mas essa amorável soberana, que faz tudo com nome, peso e medida, dá cruzes a seus amigos somente na proporção das forças que têm, e com suas doçuras unge tão abundantemente essas cruzes que elas lhes causam deleite.

Capítulo IX
Encarnação e vida da Sabedoria eterna

1. A encarnação da Sabedoria eterna

[104] Depois de decidir, no grande conselho da Santíssima Trindade, que se faria homem para reparar o homem em perdição, o Verbo eterno, a Sabedoria eterna, informou a Adão (como é de crer) e prometeu aos antigos patriarcas (como as Santas Escrituras indicam) que se faria homem para redimir o mundo. É por isso que, durante os quatro mil anos decorridos desde a criação do mundo, todos os personagens santos da Lei antiga oraram insistentemente pedindo o Messias. Eles gemiam, choravam, bradavam: "Ó, nuvens, chovei o justo! Terra, germinai o Salvador! *O Sapientia, qui ex ore Altissimi prodiisti, veni ad liberandum nos*!"

Mas seus gritos, suas preces e sacrifícios não tinham força suficiente para atrair a Sabedoria eterna, ou o Filho de Deus, do seio de seu Pai. Eles erguiam para o céu os braços, mas não eram bastante longos para alcançarem o trono do Altíssimo. Faziam continuamente sacrifícios a Deus, até mesmo de seus corações; mas estes não tinham valor suficiente para merecerem essa graça das graças.

[105] Por fim, a hora marcada para a redenção dos homens chegou, e a própria Sabedoria eterna fez para si uma casa, uma morada digna dela: *Sapientia aedificavit sibi domum* (Pr 9,1). Criou e formou no ventre de Santa Ana a divina Maria, com mais prazer do que tivera ao criar o Universo. É impossí-

vel expressar, de um lado, as inefáveis comunicações da Santíssima Trindade a essa bela criatura e, do outro, a fidelidade com que ela correspondeu às graças de seu Criador.

[106] A torrente caudalosa da bondade infinita de Deus, violentamente detida pelos pecados dos homens desde o começo do mundo, afluiu impetuosa e plenamente ao coração de Maria. A Sabedoria eterna dá-lhe todas as graças que Adão e todos seus descendentes teriam recebido de sua liberalidade, se houvessem permanecido na justiça original. Por fim – diz um santo –, toda a plenitude da divindade expande-se em Maria, tanto quanto uma pura criatura o consegue. Ó, Maria, obra-prima do Altíssimo, milagre da Sabedoria eterna, prodígio do Onipotente, abismo da graça, admito com todos os santos que somente aquele que vos criou conhece a altura, a extensão e a profundidade das graças que vos concedeu!

[107] Em catorze anos de vida a divina Maria cresceu tanto na graça e na sabedoria de Deus, foi tão perfeitamente fiel a seu amor que arrebatou de admiração não só todos os anjos, mas também o próprio Deus. Sua humildade, profunda até a anulação, encantou-o; sua pureza divinal atraiu-o; sua fé viva e suas preces frequentes e amorosas forçaram-no. A Sabedoria é amorosamente vencida por buscas tão amorosas: "*O quantus amor illius* – exclama Santo Agostinho –, *qui vincit omnipotentem!* Oh, quão grande foi o amor de Maria que venceu o Onipotente!"

Coisa admirável, essa Sabedoria, querendo descer do seio de seu Pai para o seio de uma Virgem a fim de nele deitar-se entre os lírios de sua pureza e dar-se inteiramente a ela, fazendo-se homem nela, enviou-lhe o Arcanjo Gabriel para saudá-la em seu nome, indicar-lhe que conquistara seu coração e que desejava fazer-se homem nela, desde que consentisse. O arcanjo transmitiu o recado, garantiu a Maria que ao tornar-se mãe continuaria virgem e ganhou-lhe do coração, apesar da resistência de sua profunda humildade, o consentimento inefável que a Santa Trindade, todos os anjos e todo o Universo esperavam há tantos séculos, quando, humilhando-se perante seu Criador, ela disse: Eis aqui a serva do Senhor; que me seja feito segundo vossas palavras! (Lc 1,38).

[108] Observai que, no mesmo instante em que Maria concordou em ser mãe de Deus, ocorreram vários prodígios. O Espírito Santo formou do mais puro sangue do coração de Maria um pequeno corpo; organizou-o perfeitamente; Deus criou a alma mais perfeita que já criara. A Sabedoria eterna ou o filho de Deus uniu-se, em unidade de pessoa, a esse corpo e a essa alma. E eis a grande maravilha do céu e da terra, o prodigioso excesso do amor de Deus: *Verbum caro factum est* (Jo 1,14): O Verbo fez-se carne; a Sabedoria eterna encarnou-se. Deus tornou-se homem, sem deixar de ser Deus; esse Homem-Deus se chama Jesus Cristo, ou seja, Salvador.

2. A vida da Sabedoria encarnada

E eis aqui o resumo de sua vida divina:

[109] 1. Ele quis nascer de uma mulher casada, embora efetivamente ela fosse virgem, para que não pudessem acusá-lo de provir de uma conjunção adúltera, ou por outras razões muito importantes que os Santos Padres nos ensinam. Sua concepção foi anunciada à Santa Virgem pelo anjo Gabriel, como dissemos há pouco. Ele se tornou filho de Adão, sem ser herdeiro de sua falta.

[110] 2. Essa concepção se deu numa sexta-feira, 25 de março; e em 25 de dezembro o Salvador do mundo nasceu na cidade de Belém, num pobre estábulo onde uma manjedoura lhe serviu de berço. Um anjo anunciou a uns pastores que estavam no campo cuidando de seus rebanhos que o Salvador nascera, e aconselhou-lhes que fossem adorá-lo em Belém; e ao mesmo tempo eles ouviram uma música celestial dos anjos cantando: "Glória a Deus nas alturas e paz na terra aos homens de boa vontade" (Lc 2,14).

[111] 3. No oitavo dia ele foi circuncidado de acordo com a lei de Moisés, embora não estivesse sujeito a ela, e recebeu o nome de *Jesus*, vindo do céu. Três Magos chegaram do Oriente para adorá-lo, avisados pelo aparecimento de uma estrela extraordinária que os conduziu a Belém. Essa festa se chama Epifania, ou seja, manifestação de Deus, no dia 6 de janeiro.

[112] 4. Ele mesmo quis apresentar-se no Templo, quarenta dias após seu nascimento, e observar tudo o que a lei de Moisés ordenava para remissão dos primogênitos. Algum tempo depois, o anjo avisou a São José, esposo da Santa Virgem, que pegasse o Menino Jesus e sua mãe e fugissem para o Egito, a fim de evitarem o furor de Herodes; ele assim fez. Alguns autores afirmam que Nosso Senhor ficou no Egito dois anos; outros, três; outros, como Barônio, até oito. Sua presença santificou todo aquele país para ser digno de ser habitado em toda parte por santos anacoretas, como se viu desde então. Diz Eusébio que, quando Jesus chegou, os demônios fugiram, e Santo Atanásio, que os ídolos caíram.

[113] 5. Com 12 anos de idade, o Filho de Deus debateu no meio dos doutores tão sabiamente que arrebatou de admiração todos os ouvintes. Depois desse ato, a história sagrada não fala mais dele até seu batismo, que foi no trigésimo ano de sua vida; depois ele se retirou para o deserto, onde jejuou quarenta dias, sem comer nem beber. Ali lutou com o demônio e saiu vitorioso.

[114] 6. Depois disso, ele começou a pregar na Judeia, a convocar os apóstolos e a operar todas as adoráveis maravilhas que o texto sagrado menciona. Basta-me destacar que, em seu terceiro ano de pregação e trigésimo terceiro de idade, Jesus ressuscitou Lázaro; que em 29 de março entrou triunfalmente na cidade de Jerusalém e que, no dia 2 de abril seguinte, que foi uma quinta-feira, 14º dia do mês de Nisã, comemorou a Páscoa com seus discípulos, lavou os pés dos apóstolos e instituiu o Santíssimo Sacramento da Eucaristia sob as espécies de pão e de vinho.

[115] 7. No anoitecer desse dia, ele foi preso por seus inimigos, conduzidos pelo traidor Judas. No dia seguinte, 3 de abril, apesar da festa, condenaram-no à morte; depois açoitaram-no, coroaram-no de espinhos e trataram-no com extrema ignomínia. No mesmo dia, foi levado para o Calvário e pregado numa cruz entre dois celerados; e foi desse modo que o Deus da inocência quis morrer da mais vergonhosa de todas as mortes e suportar o tormento devido a um ladrão chamado Barrabás, que os judeus haviam preferido a ele. Os antigos Padres entendem que Jesus Cristo foi pregado na cruz com quatro pregos e que do meio da cruz saía um pedaço de madeira em forma de assento, no qual seu corpo se apoiava.

[116] 6. O Salvador do mundo, após três horas definhando, expirou em seu trigésimo terceiro ano de idade. José de Arimateia teve a coragem de pedir seu corpo a Pilatos e colocou-o num túmulo que mandara construir recentemente. Mas não podemos esquecer que a natureza expressou a dor que sentia pela morte de seu autor por meio de diversos prodígios que aconteceram no momento em que Jesus expirou. Ele ressuscitou em 5 de abril e apareceu várias vezes para sua Santa Mãe e seus discípulos, durante quarenta dias, até 14 de maio, quinta-feira, quando conduziu seus discípulos ao Monte das Oliveiras e lá, na presença deles, ascendeu por sua própria virtude aos céus, à direita de seu Pai, deixando na terra os vestígios de seus pés sacrossantos.

Capítulo X
A encantadora beleza e a inefável doçura da Sabedoria encarnada

[117] Como a Sabedoria fez-se homem somente a fim de atrair os corações dos homens para sua amizade e para imitarem-na, comprazeu-se [em ornar-se] de todas as gentilezas e de todas as doçuras humanas mais encantadoras e mais sensíveis, sem qualquer defeito ou feiura.

1. A Sabedoria é doce em seus princípios

[118] Se a considerarmos em seus princípios, ela é inteiramente bondade e doçura. É um dom do amor do Pai Eterno e um efeito do amor do Espírito Santo. É uma dádiva do amor do Pai Eterno e um efeito do amor do Espírito Santo. É dada pelo amor e formada pelo amor. *Sic Deus dilexit mundum, ut Filium [suum] unigenitum daret* (Jo 3,16). Portanto, ela é toda de amor, ou melhor, é o próprio amor do Pai e do Espírito Santo. Nasceu da mais gentil, mais terna e mais bela de todas as mães, a divina Maria. Explicai-me a doçura de Jesus. Explicai-me antes a doçura de Maria, sua Mãe, com quem ele se parece na mansidão do temperamento. Jesus é o filho de Maria e, portanto, não há nele orgulho, rigor ou feiura e ainda infinitamente menos que em sua Mãe, porque ele é a Sabedoria eterna, a doçura e a beleza em si.

2. Ela é doce segundo os profetas

[119] Os profetas, a quem essa Sabedoria encarnada foi mostrada antecipadamente, chamam-na de ovelha e cordeiro em mansidão: *Agnus mansuetus* (Jr 11,19). Predizem que, por causa de sua brandura, ela não conseguirá quebrar um caniço já rachado nem apagar uma mecha que ainda fumega: *Calamum quassatum non conteret, et linum fumigans non extinguet* (Is 42,3). Ou seja, terá tanta doçura que, quando um pobre pecador estiver meio vergado, cegado e perdido por seus pecados e quase com um pé no inferno, ela não o porá a perder totalmente, a menos que ele a force a isso. São João Batista, que ficou quase trinta anos no deserto para merecer, com suas penitências, o conhecimento e o amor dessa Sabedoria encarnada, tão logo a viu, exclamou, apontando-o para seus discípulos: *Ecce Agnus Dei, ecce qui tollit peccatum mundi* (Jo 1,29). (Eis o Cordeiro de Deus, que tira os pecados do mundo.) Não disse, como aparentemente devia dizer: Eis o Altíssimo, eis o rei glorioso, eis o Todo-Poderoso; e sim, como o reconhecia no íntimo mais do que qualquer homem que já existiu ou existirá: Eis o Cordeiro de Deus, eis essa Sabedoria eterna que, para encantar nossos corações e perdoar nossos pecados, uniu em si toda a doçura de Deus e do homem, do céu e da terra.

3. Ela é doce no nome

[120] Mas o que nos indica o nome Jesus – que é o nome próprio da Sabedoria encarnada – se não uma caridade ardente, um amor infinito e uma doçura encantadora? Jesus, Salvador, aquele que salva o homem, cujo apanágio é amar e salvar o homem!

Nil canitur suavius,
Nil auditur jucundius,
Nil cogitatur dulcius
Quam Jesus, Dei Filius.

Ah, como esse nome Jesus é doce para o ouvido e o coração de uma alma predestinada! *Mel in ore, melos in aure, jubilus in corde* (é mel dulcíssimo na boca, melodia agradável no ouvido e júbilo total no coração).

4. Ela é doce no semblante

[121] *Jesus dulcis in facie, dulcis in ore, dulcis in opere* (Jesus é doce [em seu semblante, doce] em suas palavras e doce em suas ações). Esse amorabilíssimo Salvador tem uma fisionomia tão suave e complacente que encantava os olhos e os corações dos que o viam. Os pastores que foram visitá-lo no estábulo ficaram todos tão encantados com a doçura e a beleza de seu rosto que permaneceram dias inteiros olhando-o, como fora de si mesmos. Mesmo os reis mais altivos, tão logo sentiram os traços amorosos daquela bela criança, deixaram de lado toda altivez e ajoelharam sem hesitar ao pé de sua manjedoura. Quantas vezes disseram um ao outro: Amigos, como é doce estar aqui! Não encontramos em nossos palácios prazeres comparáveis aos que desfrutamos neste estábulo vendo este querido Deus Menino!

Quando Jesus ainda era muito jovem, as pessoas sofredoras e as crianças vinham de todos os lugares vizinhos vê-lo, para alegrarem-se, e diziam entre si: Vamos ver o pequeno Jesus, o belo filho de Maria. A beleza e a majestade de seu rosto – diz São Crisóstomo – eram ao mesmo tempo tão doces e tão respeitáveis que os que o conheciam não podiam evitar amá-lo, e reis, mesmo muito distantes, ante a fama de sua beleza quiseram ter seu retrato. Afirma-se que o próprio Nosso Senhor o enviou, como um favor especial, ao Rei Abgar. Alguns autores sustentam que, se os soldados romanos e os judeus cobriram-lhe o rosto, foi para esbofeteá-lo e maltratá-lo mais facilmente, porque seus olhos e seu rosto emanavam um lampejo de beleza tão doce e tão arrebatador que desarmava os mais cruéis.

5. Ela é doce nas palavras

[122] Jesus falava com brandura. Quando viveu na terra, conquistava todos pela doçura de suas palavras e nunca alguém o ouviu gritar alto [nem] discutir com calor, como os profetas haviam predito: *neque clamabit, neque audiet aliquis in plateis vocem ejus* (Is 42,2). Todos que o escutavam sem inveja ficavam tão encantados com as palavras de vida que lhe saíam da boca que exclamavam: *Nunquam sic locutus est homo sicut hic homo* (Jo 7,46); e mesmo os que o odiavam, muito surpresos com a eloquência e a sabedoria de suas palavras, perguntavam: *Unde huic tanta Sapientia?* (Mt 13,54). Nunca um homem falou com tanta doçura e graça. Onde ele recebeu tanta sabedoria em suas palavras? Vários milhares de pessoas pobres deixavam suas casas e suas famílias para irem escutá-lo até no deserto, passando vários dias sem comerem ou beberem, saciados unicamente com a doçura de sua fala. Foi com a doçura de suas palavras que ele atraiu como um chamariz seus apóstolos para seguirem-no; que curou os doentes mais incuráveis e consolou os mais aflitos. Para Maria Madalena desolada bastou-lhe dizer apenas: "Maria", e encheu-a de alegria e doçura.

Capítulo XI
A doçura da conduta da Sabedoria encarnada

6. Ela é doce em toda sua conduta

[123] Por fim, Jesus é doce no agir e em toda a condução de sua vida: *dulcis in opere*. Executou bem todas suas ações: *omnia bene fecit* (Mc 7,37), ou seja, tudo o que Jesus Cristo fez foi feito com tanta precisão, sabedoria, santidade e doçura que é impossível notar algum defeito ou desproporção.

Vejamos com [que] doçura essa amorável Sabedoria encarnada se comportava em toda sua conduta.

[124] Os pobres e as crianças seguiam-na por toda parte, como a alguém igual a eles; viam naquele querido Salvador tanta simplicidade, benignidade, condescendência e caridade que se aglomeravam para aproximar-se dele. Um dia em que estava pregando numa rua, as crianças, que costumavam ficar a seu lado, amontoaram-se atrás; os apóstolos, que estavam mais perto de Nosso Senhor, afastaram-nas. Jesus percebeu isso, repreendeu seus apóstolos e disse-lhes: *Sinite parvulos ad me venire* (Mc 10,14). (Deixai vir a mim essas criancinhas queridas.) Quando chegaram junto dele, beijou-as e abençoou-as. Oh, que doçura e benignidade! Os pobres, vendo-o pobremente vestido e simples em todas suas maneiras, sem fausto nem altivez, só em sua companhia se compraziam, em toda parte tomavam sua defesa contra os ricos e os orgulhosos que o caluniavam e o perseguiam; e ele, por sua vez, prodigalizava-lhes em todo encontro mil elogios e bênçãos.

[125] Mas quem poderá explicar a brandura de Jesus para com os pobres pecadores? Com que doçura tratava a pecadora Madalena, com que doce condescendência converteu a samaritana, com que misericórdia perdoava a mulher adúltera, com que caridade ia comer na casa dos pecadores públicos para conquistá-los! E acaso seus inimigos não se aproveitaram dessa grande doçura para persegui-lo, dizendo que com sua brandura ele levava a transgredir a lei de Moisés e chamando-o, como uma injúria, de amigo dos pecadores e dos publicanos? Com que bondade e humildade tentou conquistar o coração de Judas, que queria traí-lo, lavando-lhe os pés e chamando-o de amigo! Por fim com que caridade pediu a Deus seu Pai perdão para seus carrascos, desculpando-os por causa de sua ignorância!

[126] Oh, como a Sabedoria encarnada, Jesus, é bela, doce e caridosa! Como é bela na eternidade, pois é o esplendor de seu Pai, espelho sem mancha e imagem de sua bondade, mais bela que o sol e mais brilhante que a própria luz! Como é bela no tempo, pois foi formada pelo Espírito Santo, pura, sem pecado algum, e bela, sem mácula alguma; pois enquanto vivia arrebatou os olhos e os corações dos homens e agora é a glória dos anjos; como é terna e doce para com os homens e particularmente com os pobres pecadores, que veio visível buscar no mundo e busca invisível todo dia!

7. Ela é doce também na glória

[127] E não imagineis que, por estar agora triunfante e glorioso, Jesus seja menos doce e condescendente; ao contrário, sua glória aperfeiçoa, de certo modo, sua doçura: ele não deseja aparecer, e sim perdoar, exibir não as riquezas de sua glória, e sim as de sua misericórdia.

[128] Lede as histórias e vereis que, quando a Sabedoria encarnada e gloriosa apareceu para seus amigos, apareceu-lhes não de modo estrondoso e fulgurante, mas de modo suave e

benigno; assumiu não a majestade de uma soberana e do Deus dos exércitos, mas a ternura de um esposo e a gentileza de um amigo. Às vezes ela se mostrou na Eucaristia; mas não me lembro de haver lido que tenha sido de outro modo que não na forma de uma meiga e bela criança.

[129] Há algum tempo, um infeliz, raivoso porque perdera seu dinheiro no jogo, ergueu a espada contra o céu e culpou Nosso Senhor pela perda do dinheiro. Coisa espantosa! Em vez dos raios e flechas que deveriam cair sobre ele, eis que vem do céu um papelzinho esvoaçando a seu redor. Surpreso, pega o papel, abre-o e lê: *Miserere mei Deus*) (Senhor Deus, tende piedade de mim!) A espada cai-lhe da mão; ele se abala até o fundo do coração; lança-se ao solo e clama por misericórdia.

[130] São Dionísio, Areopagita relata que um bispo chamado Carpo, tendo com muita dificuldade convertido um idólatra, ao saber que outro idólatra rapidamente o havia feito renunciar a sua fé, durante toda uma noite orou insistentemente a Deus pedindo-lhe que vingasse tamanha ofensa que faziam a sua majestade, punindo os culpados. Quando estava no mais ardente calor de seu zelo e de sua oração, viu subitamente o chão abrir-se e viu na beira do inferno o apóstata e o idólatra, e os demônios tentando fazê-los cair dentro. Olha para o alto, vê o céu abrir-se e vir a ele Jesus Cristo com uma multidão de anjos, e que lhe diz: Carpo, estás me pedindo vingança; não me conheces. Sabes o que me estás pedindo e o que os pecadores me custaram? Por que queres que eu os perca? Amo-os tanto que estaria disposto a morrer uma segunda vez por cada um deles, se fosse preciso. Depois, aproximando-se de Carpo e mostrando-lhe os ombros nus, disse-lhe: Carpo, se queres vingar-te, bate em mim e não nesses pobres pecadores.

[131] Depois disso, como não amarmos essa Sabedoria eterna que nos amou e ainda nos ama mais do que sua vida, e cuja beleza e doçura sobrepujam tudo o que há de mais belo e mais doce no céu e na terra!

[132] No relato da vida do Beato Henrique Suso, lemos que a Sabedoria eterna, que ele desejava ardentemente, um dia lhe apareceu da maneira seguinte. Tomou uma forma corporal cercada de uma nuvem clara e transparente, sentada num trono de marfim e lançando da face e dos olhos um brilho semelhante aos raios do sol em pleno meio-dia; sua coroa era a eternidade; a roupa, sua bem-aventurança; a fala, suavidade; e seus abraços levavam à plenitude todos os bem-aventurados. Henrique viu-a nesse aparato e o que mais o surpreendeu foi que ora ela parecia uma jovem cuja beleza era um milagre do céu e da terra, ora um jovem que parecia ter adotado todas as belezas criadas para com elas pintar o rosto; ora ele a via erguer a cabeça acima dos céus e ao mesmo tempo pisar nos abismos da terra; ora a via distante dele ora aproximando-se, ora majestosa ora condescendente, benigna, doce e cheia de ternura para com todos os que a abordavam. Quando lhe apareceu desse modo, voltou-se para ele e, sorrindo-lhe gentilmente, disse-lhe: "Meu filho, dá-me teu coração". Ao mesmo tempo, Henrique lançou-se a seus pés e doou-lhe irrevogavelmente seu coração.

A exemplo desse santo personagem, doemos irrevogavelmente à Sabedoria eterna nosso coração, que é tudo o que ela nos pede.

Capítulo XII
Os principais oráculos da Sabedoria encarnada em que devemos crer e que precisamos praticar para sermos salvos

[133] 1. Se alguém quiser vir depois de mim, renuncie a si mesmo, porte sua cruz todos os dias e siga-me (Lc 9,23).

2. Se alguém me ama, guardará minhas palavras, meu Pai o amará e nós viremos a ele (Jo 14,23).

3. Se ao apresentar no altar vossa oferenda lembrardes que vosso irmão está zangado convosco, deixai vossa oferenda diante do altar e ide reconciliar-vos (Mt 5,23-24).

[134] 4. Se alguém vem a mim [e] tem mais amor a seu pai e sua mãe, sua mulher, seus filhos, seus irmãos, suas irmãs e mesmo sua alma, não pode ser meu discípulo (Lc 14,26).

5. Quem tiver deixado sua casa ou seus irmãos, seus filhos ou suas posses por amor a mim, receberá o cêntuplo e terá a vida eterna (Mt 19,29).

6. Se quereis ser perfeito, ide, vendei o que tendes e dai o dinheiro aos pobres, e tereis um tesouro no céu (Mt 19,21).

[135] 7. Nem todos os que me bradam: "Senhor, Senhor" entrarão no Reino dos Céus, mas aquele que fizer a vontade de meu Pai celeste entrará (Mt 7,21).

8. Quem ouvir minhas palavras e as puser em prática será igual a um homem prudente que construiu sobre rocha firme (Mt 7,24).

9. Em verdade vos digo: Se não vos converterdes e não vos tornardes como crianças, não entrareis no Reino dos Céus (Mt 18,3).

10. Aprendei de mim que sou manso e humilde de coração, e encontrareis repouso em vossas almas (Mt 11,29).

[136] 11. Quando orardes, cuidai de não serdes como esses hipócritas que gostam de orar em pé no meio da sinagoga para que os homens os vejam (Mt 6,5).

12. De nada vos serve falar muito ao orar, pois vosso Pai celeste conhece vossas necessidades antes que as apresenteis a Ele (Mt 6,7-8).

13. Quando vos dispuserdes a fazer vossas orações, perdoai aos outros o mal que vos causaram, para que vosso Pai que está nos céus tenha misericórdia de vós (Mc 11,25).

14. Tudo o que pedirdes a Deus em vossas orações, acreditai que receberei, e o recebereis de fato (Mc 11,24).

[137] 15. Quando jejuais, não sede como esses hipócritas tristonhos que aparecem com a fisionomia extenuada, para que os homens saibam de seu jejum. Em verdade vos digo que eles já receberam sua recompensa (Mt 6,16).

[138] 16. O céu se alegrará mais ao ver um pecador penitenciar-se do que ao ver noventa e nove justos que não se penitenciam (Lc 15,7).

17. Não vim para chamar os justos, e sim para chamar os pecadores e atraí-los para a conversão (Lc 5,32).

[139] 18. Bem-aventurados os que sofrem perseguição por amor à justiça, porque deles é o Reino dos Céus (Mt 5,10).

19. Bem-aventurados sereis quando os homens vos odiarem e vos considerarem indignos de sua companhia por causa do Filho do homem; alegrai-vos, pois grande será vossa recompensa nos céus (Lc 6,22-23).

20. Se o mundo vos odeia e vos persegue, sabei que antes de vós ele odiou a mim. Se tivésseis sido do mundo, o mundo vos teria amado como aos seus; mas, porque vos escolhi, ele vos odeia (Jo 15,18-19).

[140] 21. Vinde a mim, vós que estais aflitos e sobrccarregados, e vos consolarei (Mt 11,28).

22. Eu sou o pão vivo que desceu do céu; se alguém comer desse pão, viverá eternamente; e o pão que dou é minha carne (Jo 6,51).

23. Minha carne é verdadeiramente comida e meu sangue é verdadeiramente bebida. Quem comer de minha carne e beber de meu sangue permanecerá em mim e eu, nele (Jo 6,55-56).

[141] 24. Por minha causa todos os homens vos odiarão, mas vos prometo que nem um único fio de cabelo cairá de vossa cabeça sem que eu cuide dele (Lc 21,17-18).

[142] 25. Ninguém pode servir a dois senhores; ou odiará um e amará o outro, ou será fiel a um e desprezará o outro (Mt 6,24)

[143] 26. Os maus pensamentos, que têm origem no coração, tornam impura a consciência do homem; mas comer sem lavar as mãos não o torna impuro (Mt 15,19-20).

27. O homem bom tira do bom tesouro de seu coração o que é bom, e o homem mau só pode tirar de seu mau tesouro o que é mau (Mt 12,35).

[144] 28. Ninguém que ao pôr a mão no arado olha para trás é digno do Reino de Deus (Lc 9,62).

29. Todos os cabelos de vossa cabeça estão contados; não temais, sois mais considerados do que os pardais (Lc 12,7).

30. Deus não enviou seu Filho ao mundo para que ele o julgue e o condene, mas para que o salve (Jo 3,17).

[145] 31. Todo homem que age mal não consegue suportar a luz, pois teme que suas obras sejam criticadas (Jo 3,20)

32. Deus é espírito, e os que o adoram devem adorá-lo em espírito e em verdade (Jo 4,24).

33. É o espírito que dá vida a tudo, e a carne de nada serve; as palavras que vos tenho dito são palavras de vida (Jo 6,63).

34. Todo aquele que comete pecado se torna serviçal e escravo do pecado, e o serviçal não permanecerá para sempre na casa (Jo 8,34-35).

35. Quem é fiel nas pequenas coisas é fiel nas maiores, e quem é injusto no pouco também é injusto quando se trata de muito (Lc 16,10).

36. É mais fácil o céu e a terra acabarem do que uma única letra da Lei não ser cumprida (Lc 16,17).

37. Fazei de modo que vossas ações sejam ações de luz perante os homens, para que eles vejam vossas boas obras e glorifiquem vosso Pai que está nos céus (Mt 5,16).

[146] 38. Se vossa justiça não for maior que a dos escribas e dos fariseus, nunca entrareis no Reino dos Céus (Mt 5,20).

39. Se vosso olho vos escandaliza, arrancai-o; pois é preferível perder um de vossos membros do que vosso corpo inteiro ser lançado no inferno (Mt 5,29).

40. O Reino dos Céus sofre violência, e os violentos são os que o conquistam (Mt 11,12).

41. Não acumuleis riquezas na terra, onde as traças e a ferrugem podem corroê-las, onde os ladrões podem roubá-las; acumulai riquezas no céu, onde os ladrões não podem tirá-las de vós (Mt 6,19-20).

42. Não julgueis para não serdes julgados; o mesmo juízo que fizerdes dos outros será feito de vós (Mt 7,1-2).

[147] 43. Cuidado com os falsos profetas que vêm a vós recobertos com pele de ovelha e em seus corações são lobos vorazes; por seus frutos os conhecereis (Mt 7,15-16).

44. Cuidado para não desprezardes uma dessas criancinhas, pois seus anjos veem a face de meu Pai, que está nos céus (Mt 18,10).

45. Vigiai, pois não sabeis a hora nem o dia em que virá o Senhor (Mt 25,13).

[148] 46. Não temais os que podem matar somente o corpo; temei quem pode matar o corpo e lançar a alma no inferno (Lc 12,4-5).

47. Não vos preocupeis com o que comereis ou com o que cobrirá vosso corpo; vosso Pai celeste sabe o que vos é necessário (Lc 12,22.30).

48. Não há nada escondido que não seja descoberto e nada encoberto que não seja revelado (Lc 12,2).

[149] 49. Quem quiser ser o maior dentre vós deve ser o servo de todos; e quem quiser ser o primeiro deve servir como o último (Mt 20,26-27).

50. Como é difícil para os que têm dinheiro entrar no Reino dos Céus! (Mc 10,23).

51. É mais fácil um camelo passar pelo buraco de uma agulha do que um rico entrar no Reino de Deus (Lc 18,25).

52. Pois eu vos digo: amai vossos inimigos; fazei o bem aos que vos odeiam e orai pelos que vos perseguem e vos caluniam (Mt 5,44).

53. Ai de vós, ricos, porque tendes vosso consolo neste mundo (Lc 6,24).

[150] 54. Entrai pela porta estreita, porque larga é a porta e espaçoso o caminho que conduz à perdição, e muitos entram por ela. Como é estreita a porta e apertado o caminho que conduz à vida, e como são poucos os que a encontram! (Mt 7,13-14).

55. Os últimos serão os primeiros e os primeiros serão os últimos; pois muitos são chamados e poucos são escolhidos (Mt 20,16). Dar é uma felicidade maior do que receber (At 20,35).

56. Se alguém vos der um tapa numa face, oferecei-lhe a outra, e se alguém quiser vos processar para obter vossa túnica, dai-lhe também vosso manto (Mt 5,39-40).

57. É preciso orar sempre, e nunca desanimar de orar (Lc 18,1). Vigiai e orai para não cairdes em tentação (Mt 26,41).

58. Todos aqueles que se elevam serão humilhados, e todos os que se humilham serão elevados (Lc 14,11).

59. Dai esmola, e todas as coisas serão... puras para vós (Lc 11,41).

60. Se vossa mão ou vosso pé forem para vós ocasião de pecado, cortai-os e jogai-os longe de vós. Se vosso olho for

para vós ocasião de pecado, arrancai-o e jogai-o longe de vós; pois mais vale entrardes no céu tendo só uma mão, um pé e um olho do que cair no inferno com duas mãos, dois pés e dois olhos (Mt 18,8-9).

[151] 61. As oito bem-aventuranças

1. Bem-aventurados os pobres em espírito, porque deles é o Reino dos Céus;

2. Bem-aventurados os mansos, porque herdarão a terra;

3. Bem-aventurados os que choram, porque serão consolados;

4. Bem-aventurados os que têm fome e sede de justiça, porque serão saciados;

5. Bem-aventurados os misericordiosos, porque obterão misericórdia;

6. Bem-aventurados os puros de coração, porque verão a Deus;

7. Bem-aventurados os pacificadores, porque serão chamados filhos de Deus;

8. Bem-aventurados os que sofrem perseguição por amor à justiça, porque deles é o Reino dos Céus (Mt 5,3-10).

[152] 62. Dou-vos graças, meu Pai, Senhor do céu e da terra, porque ocultastes essas coisas dos sábios e dos prudentes do mundo e as revelastes aos humildes e pequenos; sim, meu Pai, porque essa foi vossa vontade (Mt 11,25-26).

[153] Esse é o resumo das grandes e importantes verdades que a Sabedoria eterna veio em pessoa ensinar-nos na terra, depois de ser a primeira a praticá-las, a fim de retirar-nos da cegueira e dos descaminhos em que nossos pecados nos haviam lançado.

Bem-aventurados os que entendem essas verdades eternas.

Mais venturosos os que creem nelas.

Mas muito venturosos são os que as aceitam, praticam e ensinam aos outros; pois eles brilharão no céu como estrelas, por toda a eternidade.

Capítulo XIII
Resumo das dores indescritíveis que a Sabedoria encarnada quis sofrer por amor a nós

1. A razão mais forte para amar a Sabedoria

[154] Entre todas as razões que podem incitar-nos a amar Jesus Cristo, a Sabedoria encarnada, em minha opinião a mais forte são as dores que ele quis sofrer para dar-nos testemunho de seu amor.

Existe, diz São Bernardo, um motivo que supera todos, que me estimula mais sensivelmente e me apressa a amar Jesus Cristo: é, meu bom Jesus, o cálice de amargura que bebestes por nós, e a obra de nossa redenção que vos torna amorável para nossos corações; pois esse benefício supremo, esse testemunho incomparável de vosso amor, conquista facilmente o nosso: atrai-nos com mais brandura, exige-nos mais justamente, pressiona-nos mais estreitamente e toca-nos com mais veemência: *Hoc est quod nostram devotionem et blandius allicit et justius exigit, et arctius stringit et afficit vehementius*. E a razão que ele apresenta em poucas palavras: *Multum quippe laboravit sustinens*: porque o querido Salvador muito trabalhou e muito sofreu para conseguir redimir-nos. Ah, quantos sofrimentos e angústias ele suportou!"

2. As circunstâncias da Paixão da Sabedoria

[155] [a] Mas o que nos fará ver claramente esse amor infinito da Sabedoria por nós são as circunstâncias que marcaram seus sofrimentos, das quais a primeira é a excelência de sua pessoa, que, por ser infinita, eleva infinitamente tudo o que ela sofreu em sua Paixão. Se Deus houvesse enviado um serafim ou um anjo da última ordem para fazer-se homem e morrer por nós, isso indiscutivelmente teria sido muito admirável e digno de nossa eterna gratidão; mas o Criador do céu e da terra, o Filho único de Deus, a Sabedoria eterna ter vindo ela mesma dar sua vida, perto da qual as vidas de todos os anjos, de todos os homens e de todas as criaturas juntas são infinitamente menos dignas de consideração do que a vida de um único mosquito comparada com a de todos os monarcas do mundo, que excesso de caridade ele nos mostra nesse mistério e quão grandes devem ser nosso espanto e nossa gratidão!

[156] [b] A segunda circunstância é a qualidade das pessoas pelas quais ele sofre. São homens, criaturas vis e seus inimigos, dos quais ele nada tinha a temer nem a esperar. Houve algumas vezes amigos que morreram por seus amigos; mas haverá algum dia outro que não o Filho de Deus que tenha morrido por seu inimigo?

Commendat charitatem suam [Deus] in nobis; quoniam cum adhuc peccatores essemus secundum tempus Christus pro nobis mortuus est. Morrendo por nós, Jesus Cristo demonstrou o amor que nos dedica, mesmo quando ainda éramos pecadores e, portanto, inimigos seus.

[157] [c] A terceira circunstância é a quantidade, a gravidade e a duração de seus sofrimentos. A quantidade de suas dores é tanta que ele é chamado *vir dolorum* (Is 53,3), o homem de todas as dores, no qual, desde as plantas dos pés até o topo da cabeça, não há uma só parte não ferida: *a planta pedis usque ad verticem, non est in eo sanitas* (Is 1,6).

Esse querido amigo de nossas almas sofreu em tudo: externamente e no íntimo, no corpo e na alma.

[158] Sofreu em seus bens, pois, sem falar da pobreza de seu nascimento, de sua fuga, da permanência no Egito e de toda sua vida, na Paixão foi despojado de suas roupas pelos soldados, que as repartiram entre eles, e depois pregado totalmente nu no patíbulo, sem lhe deixarem sequer um pobre farrapo para cobri-lo.

[159] Em sua honra e em sua reputação, por ter sido coberto de opróbrios e chamado de blasfemador, sedicioso, bêbado, glutão e endemoniado.

Em sua sabedoria, porque foi visto como ignorante e impostor e tratado como louco e insensato.

Em seu poder: considerado um feiticeiro e um mágico que fazia falsos milagres porque tinha entendimento com o diabo.

Em seus discípulos, dos quais um o vendeu e o atraiçoou, o primeiro dentre eles o renegou e os outros o abandonaram.

[160] Sofreu de toda espécie de pessoas: dos reis, dos governadores, dos juízes, dos cortesãos, dos soldados, dos pontífices, dos sacerdotes, dos eclesiásticos e dos seculares, dos judeus e dos gentios, dos homens e das mulheres e globalmente de todos; mesmo sua Santa Mãe aumentou-lhe terrivelmente os tormentos ao vê-la presenciar sua morte, mergulhada num oceano de tristezas ao pé da cruz.

[161] Ademais, nosso querido Salvador sofreu em todos os membros do corpo: sua cabeça foi coroada de espinhos; os cabelos e a barba, arrancados; as faces, esbofeteadas; o rosto, coberto de cuspiduras; o peito e os braços, comprimidos por cordas; os ombros, oprimidos e esfolados pelo peso da cruz; os pés e as mãos, atravessados por pregos; o flanco e o coração, rasgados por uma lança, e todo seu corpo dilacerado sem piedade por mais de cinco mil chicotadas, deixando expostos os ossos quase descarnados.

Todos seus sentidos também submergiram nesse mar de dores: os olhos, ao verem as caretas e as zombarias de seus inimigos e as lágrimas de desolação dos amigos; os ouvidos, ao escutarem as injúrias, os falsos testemunhos, as calúnias e as horríveis blasfêmias que aquelas bocas malditas vomitavam contra ele; o olfato, pela infecção dos escarros que lhe lançaram no rosto; o paladar, pela sede ardentíssima para a qual só lhe deram fel e vinagre; e os sentidos do tato, pelas dores excessivas que os açoites, os espinhos e os pregos lhe causaram.

[162] Sua alma santíssima foi gravemente atormentada pelos pecados de todos os homens, como ultrajes feitos a seu Pai, a quem amava infinitamente, e como origem da danação de tantas almas que, apesar de sua morte e Paixão, seriam condenadas; e ela se compadecia não só de todos os homens em geral, mas de cada um em particular, a quem conhecia distintamente.

O que aumentou todos seus tormentos foi terem durado longo tempo, começando desde o primeiro instante de sua concepção e perdurando até a morte; porque, pela luz infinita de sua sabedoria, ele via distintamente e tinha sempre presentes todos os males que devia suportar.

A todos esses tormentos devemos acrescentar o mais cruel e mais assustador de todos, que foi seu abandono na cruz, quando ele bradou: *Deus [meus], Deus meus, ut quid dereliquisti me* (Mt 27,46). (Meu Deus, meu Deus, por que me deixastes, por que me abandonastes?)

3. A extrema afeição da Sabedoria em suas dores

[163] De tudo isso devemos inferir, com Santo Tomás e os Santos Padres, que nosso bom Jesus sofreu mais do que todos os mártires juntos, tanto os que existirão até o final do mundo como os que existiram. Portanto, se mesmo a menor dor do Filho de Deus é mais considerável e deve tocar-nos mais sen-

sivelmente do que se todos os anjos e homens fossem mortos e aniquilados por amor a nós, qual devem ser nossa dor, nossa gratidão e nosso amor a ele, visto que sofreu por nós tudo o que é possível sofrer, e com uma afeição extrema, sem ser obrigado a isso! *Proposito sibi gaudio sustinuit crucem* (Hb 12,2). (Tendo diante de si o júbilo, ele carregou a cruz.) Ou seja, segundo os Santos Padres, Jesus Cristo, a Sabedoria eterna, podendo permanecer lá no alto, no céu, em sua glória, infinitamente distante de nossas misérias, preferiu, em consideração a nós, descer à terra, fazer-se homem e ser crucificado. Depois de fazer-se homem, ela poderia transmitir a seu corpo o mesmo júbilo, a mesma imortalidade e a mesma bem-aventurança de que desfruta agora; mas não o quis, a fim de poder sofrer.

[164] Rupert[7] acrescenta que o Pai eterno apresentou a seu Filho, no momento de sua encarnação, a escolha entre salvar o mundo pelos prazeres ou pelos tormentos, pelas honrarias ou pelo menosprezo, pelas riquezas ou pela pobreza, pela vida ou pela morte; de modo que poderia, se quisesse, com alegria, deleites, prazeres, honrarias e riquezas, glorioso e triunfante, ter redimido os homens e levado-os consigo para o paraíso. Mas em vez disso ele escolheu os males e a cruz, a fim de glorificar mais Deus seu Pai e dar aos homens testemunho de um amor maior.

[165] E bem mais ainda, ele nos amou tanto que, em vez de abreviar seus sofrimentos, desejava prolongá-los e ainda sofrer mil outros mais; foi por isso que, na cruz, quando estava oprimido de opróbrios e abismado no sofrimento, exclamou, como se já não sofresse o bastante *Sitio* (Jo 19,28). (Tenho sede.) E tinha sede de quê? *Sitis haec* – diz São Lourenço Justiniano – *de ardore dilectionis, de amoris fonte, de latitudine nascitur et charitatis: sitiebat nos et dare se nobis desiderabat.* (Essa sede provinha do ardor de seu amor, da fonte e da abundância de sua caridade. Ele tinha sede de nós, de dar-se a nós e de sofrer por nós.)

7. Rupert de Deutz (1075-1129), monge e abade beneditino; autor de vários livros de grande influência nos debates teológicos da época [N.T.].

4. Conclusão

[166] Depois disso, acaso não temos razão de exclamar, com São Francisco de Paula: "Ó, caridade! Ó, Deus caridade! como é excessiva a caridade que nos mostrastes sofrendo e morrendo!" Ou, com Santa Maria Madalena de Pazzi beijando um crucifixo: "Ó, amor! Ó, amor! Como sois pouco conhecido!" Ou com São Francisco de Assis arrastando-se na lama no meio das ruas: "Ah! Jesus, meu amor crucificado, não é conhecido! Jesus, meu amor, não é amado!" De fato, a Santa Igreja faz dizer verdadeiramente, todo dia: *Mundus eum non cognovit* (Jo 1,10). O mundo não reconhece Jesus Cristo, a Sabedoria encarnada; e, falando corretamente, conhecer o que Nosso Senhor suportou por nós e não amá-lo ardentemente, como o mundo faz, é algo moralmente impossível.

Capítulo XIV
O triunfo da Sabedoria eterna na Cruz e pela Cruz

[167] Este é, creio eu, o maior segredo do rei, *sacramentum regis* (Tb 12,7), o maior mistério da Sabedoria eterna: a Cruz.

1. A Sabedoria e a Cruz

Oh, como os pensamentos e os caminhos da Sabedoria eterna são distantes e diferentes daqueles dos homens, mesmo os mais sábios! Esse grande Deus quer redimir o mundo, expulsar e acorrentar os demônios, fechar o inferno e abrir o céu para os homens, devolver ao Pai eterno uma glória infinita. Eis aí um grande desígnio, uma obra difícil e um grande empreendimento. Qual meio utilizará essa Sabedoria cujo conhecimento abarca de ponta a ponta o Universo, que tudo dispõe brandamente e tudo faz fortemente? Seu braço é todo-poderoso: com um único gesto da mão, pode destruir tudo o que lhe é contrário e fazer tudo que quiser; com uma única palavra de sua boca, pode aniquilar e criar; ou melhor, basta-lhe querer para tudo fazer.

[168] Mas seu amor dá leis para seu poder. Ela quer encarnar-se para dar ao homem testemunho de sua amizade; quer descer em pessoa à terra para fazê-lo subir aos céus. Assim seja! Mas parece que essa Sabedoria encarnada surgirá gloriosa e triunfante, acompanhada de milhões e milhões de anjos, ou pelo menos de milhões de homens eleitos e que, com esses exércitos, esse esplendor e essa majestade, sem pobreza, sem

infâmias, sem humilhações e sem fraquezas, arrasará todos seus inimigos, e com seus encantos, prazeres, grandezas e riquezas conquistará os corações dos homens?

Nada menos que tudo isso. Coisa surpreendente! Ela vê entre os judeus um sujeito de escândalo e horror e, entre os pagãos, um objeto de loucura; vê um madeiro vil e desprezível, com o qual fazem a vergonha e o suplício dos mais celerados e dos mais infelizes, denominado forca ou cruz. É para essa cruz que ela volta os olhos, com ela se compraz; prefere-a a tudo o que há de grande e esplendoroso no céu e na terra para ser o instrumento de suas conquistas e o ornamento de sua majestade, as riquezas e os prazeres de seu império, a amiga e esposa de seu coração. *O altitudo sapientiae [et scientiae] Dei* (Rm 11,33). (Ó profundidade da sabedoria e do conhecimento de Deus!) Quanto sua escolha é surpreendente e seus desígnios e juízos são sublimes e incompreensíveis! Mas como é inefável seu amor por essa cruz!

[169] A Sabedoria encarnada amou a cruz já na infância: *Hanc amavi a juventute mea* (Sb 8,2). Ela ainda não entrara no mundo quando a recebeu, no seio de sua Mãe, das mãos do Pai eterno e colocou-a no centro do coração para ali dominar, dizendo: *Deus meus, volui, et legem tuam in medio cordis mei* (Sl 39,9). Meu Deus, meu Pai, escolhi esta cruz estando em vosso seio, escolho-a no seio de minha Mãe; amo-a com todas minhas forças e coloco-a no centro de meu coração para ser minha esposa e minha senhora (Sb 8,2).

[170] Durante toda sua vida ela a buscou com afinco. Se corria, como um cervo sequioso, de povoado em povoado e de cidade em cidade; se caminhava a passos de gigante para o Calvário; se falava com tanta frequência de seus sofrimentos e de sua morte para seus apóstolos e discípulos, e mesmo para seus profetas em sua transfiguração, se exclamava com tanta frequência: *Desiderio desideravi* (Lc 22,15) (desejei, mas com um desejo infinito): todos seus percursos, todo seu afã, todas

suas buscas, todos seus desejos tendiam para a cruz, e ela via como o auge de sua glória e de seu mais excelso destino morrer em seus braços.

Esposou-a com amores inefáveis em sua encanação, portou-a e buscou-a com indizível alegria durante toda sua vida, que foi tão somente uma cruz contínua; e, depois de esforçar-se muito para ir abraçá-la e nela morrer no Calvário, *quomodo coarctor usque dum perficiatur* (Lc 12,50). Por que razão sou impedida? O que me detém? E por que ainda não posso abraçar-te, querida cruz do Calvário?

[171] Por fim, ela alcançou o auge de seus desejos. Foi conspurcada de opróbrios; foi pregada e como que colada na cruz e morreu jubilosa, nos braços de sua amiga querida, como em leito de honra e triunfo.

[172] Não penseis que, depois de morrer, para triunfar mais ela tenha se desprendido da cruz, tenha rejeitado a cruz. De modo algum! Uniu-se e como que incorporou-se tanto com a cruz que não há anjo nem homem nem criatura do céu ou da terra que consiga separá-las. Seu vínculo é indissolúvel, sua aliança é eterna; nunca a Cruz sem Jesus nem Jesus sem a Cruz. Com sua morte ela tornou as ignomínias da Cruz tão gloriosas, a pobreza e a nudez tão ricas, as dores tão agradáveis, seus rigores tão encantadores que, em suma, ele a divinizou e tornou adorável para os anjos e os homens, e ela ordena que todos seus súditos a adorem com ele. Não quer que a honra da adoração, mesmo relativa, seja prestada às outras criaturas, por mais eminentes que sejam, como sua santíssima Mãe; essa grande honra está reservada e é devida tão somente para sua querida Cruz. No grande dia do Juízo, ela fará cessar toda honra às relíquias dos santos, mesmo dos mais respeitáveis; mas, quanto às relíquias de sua Cruz, mandará os primeiros serafins e querubins virem ao mundo recolher os pedaços da verdadeira Cruz, que, por sua onipotência amorosa, serão reunidos tão bem que formarão uma única Cruz, e a mesma Cruz na qual

ela morreu. Fará essa Cruz ser carregada em triunfo pelos anjos, que lhe entoarão cânticos de alegria. Será precedida por essa Cruz, colocada na nuvem mais esplendorosa que jamais surgiu, e julgará o mundo com ela e por ela. Quão grande será então o júbilo dos amigos da Cruz, quando a virem; mas quão grande será o desespero de seus inimigos, que, não podendo suportar a visão dessa Cruz brilhante e fulminante, bradarão às montanhas que caiam sobre eles e aos infernos que os engulam!

2. A Cruz e nós

[173] Enquanto aguarda o grande dia de seu triunfo no Juízo Final, a Sabedoria eterna quer que a Cruz seja o sinal, a marca e a arma de todos seus eleitos.

Ela não recebe nenhuma criança que não a tenha como marca; não recebe nenhum discípulo que não a porte na testa sem enrubescer, no coração sem desanimar e, nos ombros, sem arrastá-la ou rejeitá-la. Ela exclama: *Si quis vult venire post me etc.* Não aceita soldado algum que não a tome como arma para defender-se, para atacar, derrubar e derrotar todos seus inimigos, e brada-lhes: *Confidite, ego vici mundum; in hoc signo vinces.* Confiai em mim, meus soldados; sou vosso capitão, com a cruz derrotei meus inimigos e vós também os derrotareis com este sinal.

[174] Ela encerrou na Cruz tantos tesouros, graças, vida e alegria que só os dá a conhecer a seus maiores favoritos. Muitas vezes revela a seus amigos, como aos apóstolos, todos seus outros segredos: *Omnia nota feci vobis* (Jo 15,15); mas não os da Cruz, a menos que o tenham merecido por uma grande fidelidade e grandes trabalhos. Ah, é preciso ser muito humilde, pequeno, mortificado, introspectivo e desprezado pelo mundo para conhecer o mistério da Cruz, que ainda hoje, não só entre os judeus e os pagãos, os turcos e os heréticos, os sábios do mundo e os maus católicos, mas mesmo entre as pessoas con-

sideradas devotas e muito devotas, é um motivo de escândalo, um objeto de loucura, desprezo e fuga; não na especulação, pois nunca se falou tanto, nunca se escreveu tanto como agora sobre a beleza e a excelência da Cruz; mas na prática, pois as pessoas temem, lamentam-se, desculpam-se, fogem quando se trata de enfrentar algum sofrimento.

Confiteor tibi, Pater, Domine Rex caeli et terrae, quia abscondisti hoc a sapientibus et prudentibus hujus saeculi, et revelasti ea parvulis. (Meu Pai – disse um dia essa Sabedoria encarnada, num arrebatamento de júbilo ao ver a beleza da Cruz –, dou-vos graças porque ocultastes dos sábios e dos prudentes do mundo os tesouros e as maravilhas de minha Cruz e os revelastes aos humildes e pequenos.)

[175] Se o conhecimento do mistério da Cruz é uma graça tão especial, quão especiais serão seu gozo e sua posse real! É uma dádiva que a Sabedoria eterna só concede a seus maiores amigos, e ainda depois de muitas orações, desejos e súplicas. Por excelente que seja a dádiva da fé, com a qual o homem agrada a Deus, aproxima-se dele e vence seus inimigos e sem a qual está condenado, a Cruz é uma dádiva ainda maior.

São João Crisóstomo diz que São Pedro se sente mais feliz estando na prisão por Jesus Cristo do que no Tabor em meio à glória; é mais glorioso ter correntes nos pés do que as chaves do paraíso nas mãos; e São Paulo considera ser acorrentado em nome de seu Salvador uma glória maior do que ser elevado ao terceiro céu. Deus agraciava mais os apóstolos e os mártires dando-lhes sua Cruz para carregarem em meio às humilhações, à pobreza e aos mais cruéis tormentos do que concedendo-lhes o dom de fazer milagres e converter todo o mundo. Todos a quem a Sabedoria eterna se transmitiu desejaram a Cruz, buscaram-na, abraçaram-na e, quando lhes surgia uma ocasião de sofrer, exclamavam do fundo do coração, como Santo André: *O bona Crux, tam diu desiderata.* (Ó, boa Cruz, tão longamente desejada!)

[176] A Cruz é boa e preciosa por uma infinidade de motivos:

1º Porque nos torna semelhantes a Jesus Cristo;

2º Porque nos torna dignos filhos do Pai Eterno, dignos membros de Jesus Cristo e dignos templos do Espírito Santo. Deus Pai castiga todos os filhos que recebe; são oráculos: *castigat... omnem filium quem recipit* (Hb 12,6). Jesus Cristo recebe como seus somente aqueles que portarem suas cruzes. O Espírito Santo talha e pole todas as pedras vivas da Jerusalém celeste, ou seja, os predestinados;

3º A Cruz é boa porque ilumina a mente e lhe dá mais entendimento do que todos os livros do mundo: *qui non est tentatus, quid scit?* (Eclo 34,9).

4º Porque, quando é bem carregada, ela é a causa, o alimento e o testemunho do amor. Acende no coração o fogo do amor divino, separando-o das criaturas. Alimenta e aumenta esse amor; e, como a lenha é o pasto do fogo, a Cruz é o pasto do amor. É a prova mais segura de que a pessoa ama Deus. Foi essa prova que Deus utilizou para mostrar-nos que nos ama; e é também a prova que Deus requer de nós para lhe mostrarmos que o amamos;

5º A Cruz é boa porque é uma fonte abundante de toda espécie de doçuras e consolações e porque produz alegria, paz e graça na alma;

6º Por fim, é boa porque opera para quem a portar um imenso peso de glória no céu: *immensum gloriae pondus operatur* (2Cor 4,17).

[177] Se soubéssemos o valor da Cruz, mandaríamos rezar novenas, como São Pedro de Alcântara, para obtermos esse delicado pedaço do paraíso. Diríamos, com Santa Teresa: *Aut pati, aut mori*. (Ou sofrer ou morrer.). Ou com Santa Maria Madalena de Pazzi: *Non mori, sed pati*. (Morrer não, mas sofrer.) Pediríamos, com o Beato João da Cruz, tão somente a graça de sofrer alguma coisa por ela: *pati et contemni pro te*. Das coisas da terra, apenas a Cruz é valorizada no céu, disse esse beato a uma

serva de Deus, depois de morrer. "Tenho cruzes que são tão valiosas – dizia Nosso Senhor a um de seus servos – que são tudo o que minha querida Mãe, poderosa como é, consegue obter de mim para seus servos fiéis."

[178] Mundano sensato, respeitável homem do mundo, não compreendeis essa linguagem misteriosa. Apreciais demais os prazeres, buscais demais vosso conforto, amais demais os bens deste mundo, temeis demais o menosprezo e as humilhações, em suma, sois demais inimigos da Cruz de Jesus. Até mesmo estimais e louvais a Cruz, genericamente; mas não a vossa, da qual fugis quanto podeis ou que apenas arrastais a contragosto, resmungando, impacientando-vos, queixando-vos. Parece-me que estou vendo as vacas que, mugindo, arrastavam a contragosto, *trahentes et mugientes*, a Arca da Aliança, na qual estava encerrado o que havia de mais precioso no mundo.

[179] O número de insensatos e de infelizes é infinito – diz a Sabedoria – porque é infinito o número dos que não conhecem o valor da Cruz e carregam-na a contragosto. Mas vós, discípulos verdadeiros da Sabedoria eterna, que caístes em muitas tentações e tormentos, que por amor à justiça sofreis muitas perseguições, que sois tratados como lixo do mundo, consolai-vos, rejubilai-vos, tremei de alegria, porque a Cruz que carregais é uma dádiva preciosa que causa inveja aos bem-aventurados; mas eles não são mais capazes disso. Tudo o que há de honra, glória e virtude em Deus e em seu Espírito Santo repousa sobre vós, porque é grande vossa recompensa nos céus e mesmo na terra, pelas graças espirituais que ela vos proporciona.

3. Conclusões práticas

[180] Bebei, amigos de Jesus Cristo, bebei de seu cálice de amargura e vos tornareis seus amigos. Sofrei com ele e sereis glorificados com ele; sofrei com paciência e mesmo com alegria. Um pouco mais de tempo e depois uma eternidade de ventura por um momento de sofrimentos.

Não vos enganeis: desde que foi necessário que a Sabedoria encarnada entrasse no céu pela Cruz, é necessário entrar depois dele pelo mesmo caminho. Para onde quer que olheis – diz a *Imitação de Jesus Cristo* –, encontrareis sempre a Cruz: ou de predestinado, se a assumirdes como deve ser, com paciência e alegremente, por amor a Deus; ou de reprovado, se a carregardes com impaciência e a contragosto, como tantos duplamente miseráveis que serão obrigados a dizer durante toda a eternidade no inferno: *Ambulavimus vias difficiles* (Sb 5,7). Trabalhamos e sofremos no mundo e no final eis-nos danados. A verdadeira Sabedoria não é encontrada na terra nem no coração dos que vivem à larga. Ela faz sua morada na Cruz tão continuamente que fora desta não a encontrareis neste mundo, e tanto se incorporou e se uniu à Cruz que em verdade podemos dizer que a Sabedoria é a Cruz e a Cruz é a Sabedoria.

Capítulo XV
Meios para adquirir a divina Sabedoria (I)

Primeiro meio: um desejo ardente

1. Necessidade de desejar a Sabedoria

[181] Até quando, filhos dos homens, tereis o coração pesado e voltado para a terra? Até quando amareis a vaidade e procurareis a mentira? Por que não voltais os olhos e os corações para a divina Sabedoria, que, de todas as coisas que podeis desejar, é a mais desejável; que, para fazer-se amada pelos homens, revela ela mesma sua origem, mostra sua beleza, exibe seus tesouros e lhes demonstra de mil maneiras seu desejo de que eles a desejem e a busquem? *Concupiscite ergo sermones meos* (Sb 6,11) (desejai, pois, ouvir minhas palavras), diz ela. A Sabedoria antecipa-se aos que a desejam: *Praeoccupat qui se concupiscunt* (Sb 6,13). O desejo da Sabedoria conduz ao reino eterno: *Concupiscentia itaque Sapientiae deducit ad regnum aeternum* (Sb 6,20 21).

2. Qualidades que esse desejo requer

[182] É preciso que o desejo da Sabedoria seja uma grande dádiva de Deus, porque ela é a recompensa pela observação fiel de seus mandamentos: *Fili, concupiscens Sapientiam, conserva justitiam, et Deus praebebit illam tibi* (Eclo 1,33). *Cogitatum tuum habe in praeceptis Dei, et in mandatis illius maxime assiduus esto,*

et ipse dabit tibi cor, et concupiscentia Sapientiae dabitur tibi (Eclo 6,37). (Meu filho, se desejais corretamente a Sabedoria, conservai a justiça, observai os mandamentos e Deus a concederá. / Aplicai todo vosso pensamento no que Deus vos ordena, meditai continuamente seus mandamentos e Ele mesmo vos dará um coração, e o desejo da Sabedoria vos será dado.) Pois a Sabedoria não entrará numa alma maligna e não habitará um corpo submisso ao pecado: *quoniam in malevolam animam non introibit Sapientia, nec habitabit in corpore subdito peccatis* (Sb 1,4).

É preciso que esse desejo da Sabedoria seja santo e sincero, observando fielmente os mandamentos de Deus; pois há uma infinidade de loucos e preguiçosos que têm mil desejos, ou melhor, mil veleidades do bem; mas que, não os levando a abandonar o pecado nem a esforçar-se, são desejos falsos e enganadores que os matam e os danam: *Desideria occidunt pigrum* (Pr 21,25). Pois o Espírito Santo, que é o Mestre da Ciência, foge do fingimento e retira-se dos pensamentos insensatos; e a iniquidade que sobrevém bane-o da alma: *Spiritus enim sanctus disciplina effugiet fictum, et auferet se a cogitationibus quae sunt sine intellectu, et corripi[e]tur a superveniente iniquitate* (Sb 1,5).

3. Exemplos desse desejo

[183] Salomão, que é o modelo que o Espírito Santo nos deu para adquirirmos a Sabedoria, só a recebeu depois de durante muito tempo desejá-la, buscá-la e pedi-la. *Optavi* – diz ele – *et datus est mihi sensus: et invocavi, et venit in me spiritus Sapientiae* (Sb 7,7). (Desejei a Sabedoria, e ela me foi dada; pedi-a, e o espírito da Sabedoria entrou em mim.) *Hanc amavi et exquisivi a iuventute mea, et quaesivi sponsam mihi eam assumere... Circuibam quaerens ut mihi illam assumerem* (Sb 8,2.18). (Amei-a e busquei-a já em minha juventude e, para tê-la como esposa e companheira, fui procurá-la em toda parte.) Para ter esse grande tesouro da Sabedoria, é preciso ser homem desejoso, como Salomão e Daniel.

Segundo meio: Orar continuamente

1. Necessidade de orar continuamente

[184] Quanto maior é uma dádiva de Deus, mais difícil é obtê-la. Portanto, quantas preces, quantos trabalhos exige a dádiva da Sabedoria, que é a maior de todas as dádivas de Deus!

Ouçamos o que a própria Sabedoria diz: Buscai e encontrareis, batei e vos abrirão, pedi e vos será dado (Mt 7,7; Lc 11,9). É como se dissesse: Se quereis encontrar-me, precisais procurar-me; se quereis entrar em meu palácio, precisais bater à minha porta; se quereis receber-me, precisais pedir-me. Ninguém me encontra se não me procurar; ninguém entra em minha casa se não bater à minha porta; ninguém me obtém se não me pedir, e tudo é feito por meio da oração.

A oração é o canal habitual pelo qual Deus transmite suas graças, particularmente sua Sabedoria. O mundo ficou quatro mil anos pedindo a encarnação da divina Sabedoria. Maria ficou catorze anos preparando-se pela oração para recebê-la em seu seio. Salomão só a recebeu depois de pedi-la durante muito tempo e com um ardor admirável: *Adii Dominum* – diz ele –, *et deprecatus sum illum, et dixi ex totis praecordiis meis: ... Da mihi (Domine) sedium tuarum assistricem sapientiam* (Sb 8,21; 9,4). (Dirigi-me ao Senhor, fiz-lhe minha prece e disse-lhe do fundo do coração: Dai-me essa Sabedoria que está sentada ao vosso lado em vosso trono!) *Si quis autem vestrum indiget sapientia, postulet a Deo, qui dat omnibus affluenter, et non improperat; et dabitur ei* (Tg 1,5). (Se algum de vós necessitar da sabedoria, peça-a a Deus, que dá a todos abundantemente e não recusa suas dádivas, e ela lhe será dada.) Observai, a propósito, que o Espírito Santo não diz: Se alguém necessitar de caridade, de humildade, de paciência etc., que são virtudes tão excelentes, e sim: Se alguém necessitar de sabedoria... Porque ao pedi-la estamos pedindo todas as virtudes que ela contém.

2. Qualidades que a oração requer

[185] Para obtê-la, é preciso pedi-la: *postulet*; mas, como pedi-la? Em primeiro lugar, é preciso pedi-la com uma fé viva e firme, sem hesitar: *postulet autem in fide, nihil haesitans* (Tg 1,6), pois quem tiver apenas uma fé vacilante não deve esperar obtê-la: *Non ergo aestimet homo ille quod accipiat aliquid a Domino* (Tg 1,7).

[186] Em segundo lugar, é preciso pedi-la com uma fé pura, sem apoiar a oração em consolações sensíveis, visões ou revelações particulares. Embora tudo isso possa ser bom e verdadeiro, como foi em alguns santos, é sempre perigoso confiar nisso; e a fé é tanto menos pura e meritória quanto mais apoiar-se nessas graças extraordinárias e sensíveis. O que o Espírito Santo nos declara sobre as grandezas e belezas da Sabedoria, sobre o desejo de Deus de concedê-la a nós e a necessidade que temos dela são motivos suficientemente fortes para fazer-nos desejá-la e pedi-la a Deus com toda espécie de fé e ardor.

[187] A pura fé é o princípio e o efeito da Sabedoria em nossa alma: quanto mais fé, mais sabedoria temos; quanto mais sabedoria, mais fé temos. O justo, ou o sábio, vive somente da fé, sem ver, sem sentir, sem experimentar e sem vacilar: "Deus assim disse ou assim prometeu" é a pedra fundamental de todas suas orações e de todas suas ações, embora lhe pareça naturalmente que Deus não tem olhos para ver sua miséria, nem ouvidos para escutar seus pedidos, nem braços para derrubar seus inimigos, nem mão para dar-lhe ajuda; embora ele seja atacado por distrações, dúvidas e trevas no espírito, por ilusões na imaginação, por desgostos e aborrecimentos no coração, por tristeza e agonias na alma.

O sábio não pede para ver coisas extraordinárias como os santos viram, nem para experimentar doçuras sensíveis em suas preces e devoções. Pede com fé, *in fide*, a divina Sabedoria: *et dabitur ei* (Tg 1,5). E deve ter mais certeza de que ela lhe será dada do que se um anjo descesse dos céus para garanti-la, porque Deus disse: *Omnis qui petit, accipit* (Lc 11,10). (Todos os que pedem corretamente a Deus obtêm o que pedem.) *Si ergo vos, cum sitis mali, nostis bona data dare filiis vestris, quanto magis Pater vester de caelo dabit spiritum bonum spiritum se* (Lc 11,13). (Portanto, se vós, que sois maus, sabeis dar boas coisas a vossos filhos, com mais razão ainda vosso Pai celeste dará o bom espírito da Sabedoria aos que a pedirem.)

[188] Em terceiro lugar, é preciso pedir a Sabedoria com perseverança. É para a aquisição dessa pérola preciosa e desse tesouro infinito que deveis usar de uma santa importunidade junto a Deus, sem a qual nunca a tereis. Não deveis fazer como a maioria das pessoas que pedem a Deus alguma graça. Quando elas oraram por um tempo considerável, como anos inteiros, e não veem Deus atender suas preces, desencorajam-se e param de orar, julgando que Deus não quer atendê-las, e com isso perdem o fruto de suas orações e injuriam Deus, que só ama dar e atende sempre as preces bem feitas, seja de um modo ou de outro.

Portanto, quem quiser obter a Sabedoria deve pedi-la noite e dia, sem cansar-se nem desanimar. Será mil vezes venturoso se a obtiver após dez, vinte, trinta anos de orações e mesmo uma hora antes de morrer. E, se a receber depois de passar a vida buscando-a, pedindo-a e merecendo-a por toda espécie de trabalhos e de cruzes, esteja convicto de que não lhe é dada por justiça, como uma recompensa, e sim por pura misericórdia, como uma esmola.

[189] Não, não, não sao essas almas negligentes e inconstantes em suas preces e buscas que terão a Sabedoria: serão aquelas semelhantes ao amigo que, em situação difícil, vai bater à porta de um amigo seu para pedir-lhe emprestados três pães. Observai que é a própria Sabedoria que, nessa parábola ou história, indica-nos de que maneira devemos pedi-la para obtê-la. Esse amigo bate à porta e duplica suas batidas e seu pedido, quatro ou cinco vezes, com mais força e firmeza, em-

bora seja uma hora imprópria, por volta de meia-noite; embora seu amigo já tenha se deitado; embora o tenha rechaçado e mandado embora duas ou três vezes, como a um impudente e importuno. Por fim, vendo-se tão importunado pelos rogos desse amigo, levanta-se do leito, abre a porta e dá-lhe tudo o que ele pedia.

[190] É desse modo que devemos rogar para ter a Sabedoria. E infalivelmente, cedo ou tarde, Deus, que quer ser importunado, se levantará, abrirá a porta de sua misericórdia e nos dará os três pães da Sabedoria: o pão da vida, o pão do entendimento e o pão dos anjos. Eis aqui algumas orações formadas pelo Espírito Santo para pedi-la:

3. Oração de Salomão para obter a divina Sabedoria

[191] Deus de meus pais, Deus de misericórdia, que com vossa palavra tudo fizestes, que com vossa Sabedoria formastes o homem para que ele dominasse as criaturas que fizestes, para que governasse o mundo com equidade e justiça e pronunciasse os juízos com um coração reto, dai-me essa Sabedoria que está sentada junto de vós em vosso trono. Não me rejeiteis do número de filhos vossos, porque sou vosso servo e filho de vossa serva, um homem fraco que deve viver pouco e que é incapaz de entender as leis e de julgar bem. Pois, embora alguém pareça perfeito entre os filhos dos homens, será considerado nulo se vossa Sabedoria não estiver nele.

[192] Vossa Sabedoria é aquela que conhece vossas obras, que estava presente quando criastes o mundo e que sabe o que é agradável a vossos olhos e qual é a retidão de vossos preceitos. Enviai-a, pois, de vosso santuário que está no céu e do trono de vossa grandeza, para que ela esteja e trabalhe comigo e eu saiba o que vos apraz; pois ela tem a ciência e o entendimento de todas as coisas; ela me conduzirá em todas minhas

obras com uma circunspecção exata e me protegerá com seu poder. Assim minhas ações serão aprovadas por vós. Conduzirei vosso povo com justiça e serei digno do trono de meu Pai, pois quem é o homem que possa conhecer os desígnios de Deus, ou que poderá decifrar o que Deus deseja? Os pensamentos dos homens são tímidos e nossas previsões são incertas, porque o corpo corruptível torna pesada a alma e essa morada terrestre abate o espírito com os múltiplos cuidados que a agitam. Mal compreendemos o que acontece na terra e penamos para discernir o que está diante de nossos olhos; mas quem poderá descobrir o que acontece no céu e quem poderá conhecer vosso pensamento, se vós mesmo não concederdes a Sabedoria e não enviardes vosso Espírito Santo das alturas dos céus, para que ele retifique os caminhos dos que estão na terra e os homens aprendam o que vos agrada? Porque é pela Sabedoria, Senhor, que todos os de quem vos agradastes já no começo foram curados.

[193] À oração oral devemos acrescentar a oração mental, que ilumina o espírito, incendeia os corações e torna a alma capaz de escutar a voz da Sabedoria, saborear suas doçuras e possuir seus tesouros. Pessoalmente, para atrair o Reino de Deus, a Sabedoria eterna, para dentro de nós não encontro nada mais poderoso do que juntar a oração oral e a mental, recitando o Santo Rosário e meditando os quinze mistérios que ele encerra.

Capítulo XVI
Meios para adquirir a divina Sabedoria (II)

Terceiro meio: Uma mortificação universal

1. Necessidade de mortificação

[194] *Non reperitur Sapientia in terra suaviter viventium* (Jó 28,13). A Sabedoria – diz o Espírito Santo – não é encontrada naqueles que vivem à larga, que dão a suas paixões e a seus sentidos tudo o que desejam. Pois aqueles que caminham segundo a carne não podem agradar a Deus; e a sabedoria da carne é hostil a Deus: *Qui in carne sunt, Deo placere non possunt. Sapientia carnis inimica est Deo* (Rm 8,8.7). Meu espírito não permanecerá no homem, porque ele é carne: *Non permanebit spiritus meus in homine..., quia caro est* (Gn 6,8).

Todos os que pertencem a Jesus Cristo, a Sabedoria encarnada, crucificaram a carne com seus vícios e concupiscências, carregam hoje e sempre no corpo a mortificação de Jesus, resistem continuamente, carregam suas cruzes todos os dias e por fim são mortos e mesmo sepultados em Jesus Cristo. Essas são palavras do Espírito Santo mostrando com toda clareza que para ter a Sabedoria encarnada, Jesus Cristo, é preciso praticar a mortificação, a renúncia ao mundo e a si mesmo.

[195] Não imagineis que essa Sabedoria, mais pura do que os raios de sol, entre numa alma e num corpo conspurcados

pelos prazeres dos sentidos. Não julgueis que ela conceda seu repouso, sua paz inefável aos que amam as companhias e as vaidades do mundo. *Vincenti* – diz ela – *dabo manna absconditum* (Ap 2,17). (Apenas aos que vencerem o mundo e a si mesmos dou minha mão oculta.)

Essa amorável soberana, embora por sua luz infinita conheça e distinga imediatamente todas as coisas, procura pessoas dignas dela: *Quaerit dignos se*. Procura porque essas pessoas são tão poucas que mal encontra algumas suficientemente desprendidas do mundo, suficientemente introspectivas e mortificadas para serem dignas dela, dignas de sua pessoa, de seus tesouros e de sua aliança.

2. Qualidades que a mortificação requer

[196] A Sabedoria não pede, para transmitir-se, meia mortificação, uma mortificação de alguns dias, e sim uma mortificação total e contínua, corajosa e discreta.

Para ter a Sabedoria:

[197] [1º] Em primeiro lugar, é preciso abandonar realmente os bens do mundo, como fizeram os apóstolos, os discípulos, os primeiros cristãos e os religiosos: é o meio mais rápido, o melhor, o mais seguro para possuir a Sabedoria; ou, pelo menos, é preciso desprender dos bens o coração e possuí-los como se não os possuísse, sem empenhar-se em tê-los, sem inquietar-se para conservá-los, sem queixar-se nem impacientar-se quando são perdidos – o que é bem difícil de praticar.

[198] [2º] É preciso não se adaptar às modas externas dos mundanos, seja no vestuário, seja na mobília, seja na casa, nas refeições e em outros usos e ações da vida: *Nolite conformari huic saeculo* (Rm 12,2). Essa prática é mais necessária do que parece.

[199] [3º] É preciso não acreditar nas falsas máximas do mundo nem as seguir; é preciso não pensar, falar e agir como os mundanos. Eles têm uma doutrina tão oposta à da Sabe-

doria encarnada quanto as trevas são opostas à luz e a morte, à vida. Examinai-lhes bem os sentimentos e as palavras: eles pensam e falam mal de todas as maiores verdades. É certo que não mentem abertamente; mas disfarçam suas mentiras sob a aparência da verdade; não julgam que mentem e, entretanto, mentem. Não costumam ensinar abertamente o pecado, mas o chamam de virtude, ou de honestidade, ou de algo indiferente e sem consequências. É nessa sutileza, que o mundo aprendeu do demônio para converter a feiura do pecado e da mentira, que consiste a malignidade da qual São João fala: *Totus mundus in maligno positus est* (1Jo 5,19). (Todo o mundo está permeado de malignidade, e hoje mais do que nunca.)

[200] [4º] É preciso, tanto quanto possível, evitar a companhia dos homens, não só a dos mundanos, que é perniciosa ou perigosa, mas mesmo a das pessoas devotas, quando for inútil e perda de tempo. Quem quiser tornar-se sábio e perfeito, deve pôr em prática estas três palavras de ouro que a Sabedoria eterna diz a Santo Arsênio: *Fuge, late, tace*) (Fugi, escondei-vos, calai-vos!) Evitai quanto possível a companhia dos homens, como faziam os maiores santos: *Maximi sanctorum humana consortia quantum poterant vitabant* (*De Imitatione Christi*, I, 12s.). Que vossa vida seja escondida, com Jesus Cristo em Deus: *Vita vestra est abscondita cum Christo in Deo* (Cl 3,3). Por fim, silenciai para os homens a fim de conversardes com a Sabedoria. Um homem silencioso é um homem sábio: *Est tacens qui invenitur sapiens* (Eclo 20,5).

[201] [5º] Para ter a Sabedoria é preciso mortificar o corpo, não apenas sofrendo pacientemente as doenças físicas, as injúrias do clima e as agressões que nesta vida ele recebe das criaturas; mas também buscando para si alguns sofrimentos e mortificações, como jejuns, vigílias e outras penitências santas.

Para isso é preciso coragem, porque a carne é naturalmente idólatra de si mesma, e o mundo vê e rejeita como inúteis todas as mortificações do corpo. O que ele não dirá, o que não fará para evitar a prática das penitências dos santos, das quais é dito, proporcionalmente: *Corpus suum perpetuis vigiliis, jejuniis, flagellis, frigore, nuditate atque omni asperitatum genere in servitutem redegit, cum quo pactum inierat ne ullam in hoc saeculo ei requiem praeberet.* (O sábio, ou o santo, reduziu seu corpo à servidão por meio de vigílias, jejuns, disciplinas, pelo frio, pela nudez e toda espécie de penitências, e fizera com ele um pacto de não lhe dar descanso algum neste mundo.) O Espírito Santo diz que todos os santos abominavam a túnica maculada por sua carne: *odientes [et] eam quae carnalis est, maculatam tunicam* (Jd 1,23).

[202] [6º] Para que essa mortificação externa e voluntária seja boa, é preciso necessariamente juntá-la com a mortificação do juízo e da vontade, por meio da santa obediência; porque sem essa obediência toda mortificação é maculada pela vontade própria, e frequentemente mais agradável ao demônio do que a Deus. Por isso, nenhuma mortificação considerável deve ser feita sem aconselhamento. A morada da Sabedoria está no conselho: *Ego Sapientia habito in consilio* (Pr 8,12). Quem confia em si mesmo confia num insensato: *Qui confidit in corde suo stultus est* (Pr 28,26). O sensato faz tudo com aconselhamento: *Astutus omnia agit cum consilio* (Pr 13,16). Quem quiser não se arrepender do que fez só deve fazê-lo depois de aconselhar-se com um homem sábio. É o grande conselho que o Espírito Santo nos dá: *Fili, sine consilio nihil facias, et post factum non poenitebis* (Eclo 32,24). *Consilium semper a sapiente perquire* (Tb 4,19).

Por meio dessa obediência, o amor próprio, que estraga tudo, é repelido; mesmo a mínima coisa torna-se muito meritória; a pessoa está protegida da ilusão demoníaca; vencerá todos seus inimigos e chegará com segurança, e como que dormindo, ao porto da salvação: *iter quasi dormiendo confectum.*

Tudo o que acabo de dizer está contido neste grande conselho: Abandonai tudo e encontrareis tudo ao encontrar Jesus Cristo, a Sabedoria encarnada: *Dimitte omnia, et invenies omnia.*

Capítulo XVII
Meios para adquirir a divina Sabedoria (III)

[203] Eis, por fim, o maior dos meios e o mais admirável de todos os segredos para adquirir e conservar a divina Sabedoria: uma terna e autêntica devoção à Santa Virgem.

1. Necessidade da verdadeira devoção a Maria

Desde sempre, somente Maria encontrou graça perante Deus, para si e para todo o gênero humano, e teve o poder de encarnar e pôr no mundo a Sabedoria eterna; e também somente ela, por operação do Espírito Santo, tem o poder de encarná-la, digamos assim, nos predestinados.

Os patriarcas, os profetas e os santos personagens da antiga Lei haviam bradado, suspirado e rogado pela encarnação da Sabedoria eterna; mas nenhum conseguira merecê-la. Apenas Maria, pela sublimidade de sua virtude, chegou até o trono da Divindade e mereceu essa dádiva infinita. Tornou-se mãe, senhora e trono da divina Sabedoria.

[204] É sua mãe digníssima porque a encarnou e a trouxe ao mundo como fruto de suas entranhas: E bendito é o fruto de vosso ventre, Jesus.

Assim, em todo lugar onde Jesus estiver, no céu ou na terra, em nossos tabernáculos ou em nossos corações, é verdadeiro dizer que ele é o fruto e o ganho de Maria, que somente Maria é a árvore da vida e somente Jesus é seu fruto.

Portanto, quem quiser ter no coração esse fruto admirável, deve ter a árvore que o produz: quem quiser ter Jesus deve ter Maria.

[205] Maria é a senhora da divina Sabedoria; não que esteja acima da divina Sabedoria, Deus verdadeiro, ou que a iguale: seria blasfêmia pensar e dizer isso; mas porque, sendo Deus Filho, a Sabedoria eterna, totalmente submisso a Maria como a sua Mãe, deu-lhe sobre si mesmo um poder materno e natural que é incompreensível, não só durante sua vida na terra, mas também no céu, visto que a glória não só não destrói a natureza como a aperfeiçoa. Por esse motivo, no céu Jesus é, tanto como sempre, filho de Maria e Maria é mãe de Jesus. Nessa qualidade, ela tem poder sobre ele e ele, de certa forma, é submisso a ela, porque assim quer; ou seja, Maria, com seus rogos poderosos e sua maternidade divina, obtém de Jesus tudo o que quiser; dá-o a quem ela quiser e o produz todo dia nas almas que quiser.

[206] Ah, como é feliz a alma que houver conquistado as boas graças de Maria! Deve considerar-se segura de que em breve possuirá a Sabedoria; pois, como ela ama os que a amam, transmite-lhes fartamente seus bens, e o bem infinito que contém em si todos os outros, Jesus, o fruto de seu seio.

[207] Portanto, se é verdadeiro dizer que, em certo sentido, Maria é senhora da Sabedoria encarnada, o que devemos pensar do poder que ela tem sobre todas as graças e dádivas de Deus e sobre sua liberdade de dá-las a quem lhe aprouver? Ela é, dizem os Santos Padres, o imenso oceano de todas as grandezas de Deus, o grande armazém de todos seus bens, o inesgotável tesouro do Senhor e a tesoureira e distribuidora de todas suas dádivas.

É vontade de Deus que, desde que lhe deu seu Filho, tudo recebêssemos pela mão de Maria, e nenhuma dádiva celeste desce à terra sem passar por ela, como por um canal. É de sua plenitude que recebemos todas e, se há em nós alguma graça, alguma esperança de salvação, esse é um bem que nos vem de Deus por meio dela. Maria é tão senhora dos bens de Deus que concede a quem ela quiser, tanto quanto quiser, quando quiser e como quiser todas as graças de Deus, todas as virtudes de Jesus Cristo e todos os dons do Espírito Santo, todos os bens da natureza, da graça e da glória. Esses são pensamentos e expressões dos Santos Padres; não apresento as passagens em latim a fim de abreviar.

Mas, por mais dádivas que essa soberana e amorável Princesa nos conceda, ela não se contenta se não nos der a Sabedoria encarnada, Jesus, seu Filho; e ocupa-se todos os dias em buscar almas que a mereçam, a fim de dá-la a elas.

[208] Maria, ademais, é o trono régio da Sabedoria eterna. É nela que a Sabedoria mostra suas grandezas, exibe seus tesouros e deleita-se, e não há no céu ou na terra um lugar onde a Sabedoria eterna mostre tanta magnificência e se apraza tanto como na incomparável Maria. É por isso que os Santos Padres a chamam de santuário da Divindade, repouso e contentamento da Santíssima Trindade, trono de Deus, cidade de Deus, altar de Deus, templo de Deus, mundo de Deus e paraíso de Deus. Todos esses epítetos e louvores são muito verdadeiros com relação às diversas maravilhas que o Altíssimo operou em Maria.

[209] Portanto, é somente por Maria que podemos obter a Sabedoria. Mas, se nos for concedida uma dádiva tão grande como a da Sabedoria, onde a colocaremos? Que casa, que sede, que trono daremos a essa princesa tão pura e tão brilhante que em sua presença os raios de sol são somente lama e trevas? Talvez me respondam que ela só pede nosso coração, que é ele que devemos dar-lhe, que é nele que devemos colocá-la.

[210] Mas acaso não sabemos que nosso coração é conspurcado, impuro, carnal e repleto de mil paixões e, portanto, indigno de possuir uma hóspede tão nobre e santa, e que, mesmo que tivéssemos cem mil corações como o nosso a apresentar-lhe para servir-lhe de trono, continuaria a ser justo ela desprezar nossas pretensões, ficar surda a nossos pedidos e até mesmo acusar-nos de temeridade e insolência por querermos alojá-la num lugar tão infecto e tão indigno de sua majestade?

[211] Então, o que fazer para tornarmos nosso coração digno dela? Eis aqui o grande conselho, eis o admirável segredo: Façamos, por assim dizer, Maria entrar em nossa casa consagrando-nos a ela, sem reserva alguma, como servos e escravos seus. Em suas mãos e em sua honra, desfaçamo-nos de tudo o que nos é mais caro, nada reservando para nós; e essa boa Senhora, que nunca se deixou vencer em liberalidade, se dará a nós de um modo incompreensível, mas verdadeiro; e é nela que a Sabedoria eterna virá morar, como em seu trono glorioso.

[212] Maria é o ímã sagrado que, estando num lugar, atrai para lá a Sabedoria eterna, tão fortemente que ela não consegue resistir. Esse ímã a atraiu à terra para todos os homens, e ainda a atrai diariamente em cada homem particular, onde ele estiver. Se chegarmos a ter Maria dentro de nós, com sua intercessão teremos facilmente, e em pouco tempo, a divina Sabedoria.

De todos os meios para termos Jesus Cristo, Maria é o mais seguro, mais fácil, mais rápido e mais santo. Mesmo que fizéssemos as mais terríveis penitências, mesmo que empreendêssemos as mais penosas viagens e os maiores trabalhos, ainda mesmo que derramássemos todo nosso sangue para adquirirmos a divina Sabedoria e não houvesse intercessão da Santa Virgem e devoção a ela em todos esses esforços, seriam inúteis e incapazes de obtê-la para nós. Mas, se Maria disser uma palavra em nosso favor, se seu amor encontrar-se dentro de nós, se estivermos marcados com a marca de seus servos fiéis que observam seus caminhos, teremos em breve e com pouco custo a divina Sabedoria.

[213] Observai que Maria não só é a Mãe de Jesus, o chefe de todos os eleitos, mas é também [a Mãe] de todos seus membros; de modo que é ela que os gera, os carrega no ventre e os põe no mundo da glória, pelas graças de Deus que lhes transmite. Essa é a doutrina dos santos Padres e, entre outros, de santo Agostinho, que diz que os eleitos estão no seio de Maria e que ela só os põe no mundo quando eles entram na glória. Além disso, foi a Maria que Deus ordenou que habitasse em Jacó, recebesse Israel como herança e lançasse raízes em seus eleitos e predestinados.

[214] Dessas verdades devemos concluir:

1º que é inútil nos gabarmos de ser filhos de Deus e discípulos da Sabedoria, se não formos filhos de Maria;

2º que para estarmos entre os eleitos é preciso que Maria habite e se enraíze em nós, por uma terna e sincera devoção nossa a ela;

3º que cabe a ela gerar-nos em Jesus Cristo e Jesus Cristo em nós, até sua perfeição e a plenitude de sua idade; de modo que ela pode dizer de si, com mais verdade do que São Paulo dizia dele mesmo: *Quos iterum parturio, donec formetur in vobis Christus* (Gl 4,19). (Gero-vos diariamente, meus filhos queridos, até que Jesus Cristo, meu Filho, esteja totalmente formado em vós.)

2. Em que consiste a verdadeira devoção a Maria

[215] Talvez alguém, desejando ser devoto da Santa Virgem, pergunte-me em que consiste a verdadeira devoção à Santa Virgem. Respondo, em poucas palavras, que consiste em grande estima por suas grandezas, profunda gratidão por seus benefícios, grande zelo por sua glória, contínua invocação de seu socorro e total dependência de sua autoridade, firme apoio e terna confiança em sua bondade materna.

[216] É preciso prevenir-se contra as falsas devoções à Santa Virgem, das quais o demônio se serve para enganar e danar muitas almas. Não me deterei descrevendo-as; basta-me dizer que a verdadeira devoção à Santa Virgem é sempre: 1º *interior*, sem hipocrisia e sem superstição; 2º *terna*, sem indiferença e sem escrúpulo; 3º *constante*, sem mudança e sem infidelidade; 4º *santa*, sem presunção e sem desregramento.

[217] É preciso não ser do número desses falsos devotos *hipócritas* cuja devoção fica apenas nos lábios e no corpo. Também é preciso não fazer parte dos devotos *críticos e escrupulosos* que receiam honrar demais a Santa Virgem e desonrar o

Filho ao honrar a Mãe. É preciso não ser um desses devotos *indiferentes* e *interesseiros* que não têm um terno amor nem uma confiança filial para com a Santa Virgem e só recorrem a ela para adquirirem ou conservarem bens temporais.

É preciso não ser mais um desses devotos *inconstantes* e *levianos* que são devotos da Santa Virgem somente por capricho e por algum tempo, e que se retiram de seu serviço na hora da tentação. Por fim, é preciso cuidar de não ser do número desses devotos *presunçosos* que, sob o véu de algumas devoções externas que praticam, escondem um coração corrompido pelo pecado; que imaginam que, com essas devoções à Santa Virgem, não morrerão sem confissão e serão salvos, não importando os pecados que cometam por aí afora.

[218] É preciso não descuidar de ingressar nas irmandades da Santa Virgem e principalmente na do santo Rosário, para cumprir os deveres que prescrevem e que são muito santificantes.

[219] Mas a mais perfeita e mais proveitosa de todas as devoções à Santa Virgem é consagrar-se inteiramente a ela e inteiramente a Jesus por meio dela, na qualidade de escravo, consagrando-lhe integral e eternamente o corpo, a alma, os bens tanto interiores quanto exteriores, as satisfações e os méritos de suas boas ações e, por fim, o direito de dispor de todos os bens recebidos no passado, de sua posse atual e futura. Como há muitos livros que tratam dessa devoção, basta-me afirmar que nunca encontrei uma prática mais firme de devoção à Santa Virgem, pois se baseia no exemplo de Jesus Cristo, mais gloriosa para Deus, mais salutar para a alma e mais terrível para os inimigos da salvação; e, por fim, mais doce e mais fácil.

[220] Bem praticada, essa devoção não só atrai para a alma Jesus Cristo, a Sabedoria eterna, mas também a sustenta e a conserva ali até a morte. Pois, rogo-vos, de que nos servirá buscar mil segredos e fazer mil esforços para ter o tesouro da Sabedoria se, depois de recebê-la, tivermos a infelicidade de perdê-la, como Salomão, devido a nossa infidelidade? Ele foi mais sábio do que

talvez nunca sejamos e, portanto, mais forte, mais esclarecido; entretanto, foi enganado, foi vencido e caiu no pecado e na loucura, e deixou todos os que o seguiram duplamente espantados: com suas luzes e com suas trevas, com sua sabedoria e com a insensatez de seus pecados. Podemos dizer que, se seu exemplo e seus livros certamente animaram todos seus descendentes a desejarem e buscarem a Sabedoria, sua queda verdadeira, ou pelo menos a dúvida bem fundamentada que houve sobre ela, impediu uma infinidade de almas de empenharem-se na busca de algo realmente muito belo, mas muito fácil de ser perdido.

[221] Portanto, para, de certo modo, sermos mais sábios do que Salomão, devemos pôr nas mãos de Maria tudo o que possuímos e mesmo o tesouro dos tesouros, Jesus Cristo, para que ela o guarde para nós. Somos vasos frágeis demais; não coloquemos neles esse tesouro precioso e esse maná celeste. Estamos a braços com inimigos em excesso, excessivamente astutos e experientes; não devemos confiar em nossa prudência e nossa força. Temos muitas experiências funestas de nossa inconstância e de nossa leviandade natural; desconfiemos de nossa sabedoria e de nosso fervor.

[222] Maria é sábia: coloquemos tudo em suas mãos; ela saberá dispor bem de nós e do que nos pertence, para a maior glória de Deus.

Maria é caridosa: ama-nos como filhos e servos seus; ofereçamos-lhe tudo, nada perderemos com isso; ela fará tudo resultar em proveito nosso.

Maria é liberal: devolve mais do que lhe dermos; devemos dar-lhe o que possuímos, sem reserva alguma; receberemos cem por um e, como dizem, por um boi uma manada.

Maria é poderosa: ninguém consegue arrebatar-lhe o que foi posto em suas mãos; coloquemo-nos em suas mãos; ela nos defenderá e nos fará vencer todos nossos inimigos.

Maria é fiel: não deixa extraviar-se ou perder-se nada que lhe dermos. É por excelência a Virgem fiel a Deus e fiel aos homens. Protegeu e conservou fielmente tudo o que Deus lhe confiou, sem perder nem uma mínima parte; e também guarda diariamente, com especial cuidado, os que se colocaram inteiramente sob sua proteção e sua tutela.

Portanto, confiemos tudo à sua fidelidade; prendamo-nos a ela como a uma coluna que nada consegue derrubar, como a uma âncora que nada consegue levantar ou, ainda melhor, como ao Monte Sião, que nada consegue abalar.

Por mais cegos, fracos e inconstantes que sejamos por natureza, e por mais numerosos e maliciosos que sejam nossos inimigos, nunca nos enganaremos ou nos extraviaremos e nunca teremos a infelicidade de perder a graça de Deus e o tesouro infinito da Sabedoria eterna.

Consagração de si a Jesus Cristo, Sabedoria encarnada, pelas mãos de Maria

[223] Ó, Sabedoria eterna e encarnada! Ó, muito amorável e adorável Jesus, verdadeiro Deus e verdadeiro homem, Filho único do Pai eterno e de Maria sempre virgem!

Eu vos adoro profundamente no seio e no esplendor de vosso Pai, na eternidade, e no seio virginal de Maria, vossa digníssima Mãe, no tempo de vossa encarnação.

Rendo-vos graças porque vos aniquilastes pessoalmente, assumindo a forma de um escravo, para tirar-me da cruel escravidão do demônio.

Eu vos louvo e vos glorifico porque quisestes subordinar-vos a Maria, vossa Santa Mãe, em todas as coisas, a fim de por meio dela tornar-me vosso escravo fiel. Mas, ai de mim! Ingrato e infiel como sou, não observei os votos e as promessas que vos fiz tão solenemente em meu batismo: não cumpri minhas obrigações; não mereço ser chamado de vosso filho nem de vosso escravo; e, como não há em mim nada que não mereça vossa rejeição e vossa cólera, já não ouso aproximar-me sozinho de vossa santa e augusta Majestade.

É por isso que recorro à intercessão e à misericórdia de vossa santíssima Mãe, que me destes como mediadora junto de vós; e é por meio dela que espero obter de vós a contrição e o perdão de meus pecados, a aquisição e conservação da Sabedoria.

[224] Eu vos saúdo, pois, Maria imaculada, tabernáculo vivo da Divindade, onde a Sabedoria eterna, oculta, quer ser adorada pelos anjos e pelos homens.

Eu vos saúdo, Rainha do céu e da terra, a cujo império tudo é submisso, tudo que está abaixo de Deus.

Eu vos saúdo, Refúgio seguro dos pecadores e cuja misericórdia nunca falhou com ninguém; atendei meu desejo da divina Sabedoria e recebei para isso os votos e as ofertas que minha baixeza vos apresenta.

[225] Eu, N...., pecador infiel, renovo e ratifico hoje em vossas mãos os votos de meu batismo: renuncio para sempre a satã, suas pompas e obras, e entrego-me inteiramente a Jesus Cristo, a Sabedoria encarnada, para carregar minha cruz seguindo seus passos todos os dias de minha vida e para ser-lhe mais fiel do que fui até agora.

Hoje, na presença de toda a corte celeste, escolho-vos como minha Mãe e Senhora. Entrego-vos e consagro-vos, na qualidade de escravo, meu corpo e minha alma, meus bens interiores e exteriores e mesmo o valor de minhas boas ações passadas, presentes e futuras, dando-vos inteiro e pleno direito de dispor de mim e de tudo o que me pertence, sem exceção, como vos aprouver, para maior glória de Deus, no tempo e na eternidade.

[226] Recebei, Virgem benigna, esta pequena oferenda de minha escravidão, em honra e união à submissão que a Sabedoria eterna decidiu ter de vossa maternidade; em homenagem ao poder que ambos tendes sobre este pequeno verme e este mísero pecador, e em ação de graças pelos privilégios com que a Santíssima Trindade vos favoreceu.

Declaro que doravante, como verdadeiro escravo vosso, desejo honrar-vos e obedecer-vos em tudo. Ó, Mãe admirável, apresentai-me a vosso querido Filho, na qualidade de escravo eterno, para que, tendo me redimido por meio de vós, ele me receba por meio de vós!

[227] Ó, Mãe de misericórdia, concedei-me a graça de obter a verdadeira sabedoria de Deus e para isso incluir-me no número dos que amais, ensinais, conduzis, alimentais e protegeis como filhos e escravos vossos! Ó, Virgem fiel, tornai-me em tudo um discípulo, imitador e escravo tão perfeito da Sabedoria encarnada, Jesus Cristo vosso Filho, que eu chegue, por vossa intercessão, a exemplo vosso, à plenitude de sua idade na terra e de sua glória nos céus. Assim seja!

Qui potest capere capiat
Quis sapiens et intelliget haec?[8]

8. Quem puder compreender compreenda. Quem será sábio e entenderá essas coisas? [N.T.].

EDITORA VOZES LTDA.
Rua Frei Luís, 100 – Centro – Cep 25689-900 – Petrópolis, RJ
Tel.: (24) 2233-9000 – E-mail: vendas@vozes.com.br